# sīgna zōdiaca

## Vol. I

*Cancer, Leō, Virgō, Lībra*

an Astrological Latin Reader
by Lance Piantaggini

Poētulus Publishing
magisterp.com

Copyright © 2020 Lance Piantaggini
All rights reserved.
ISBN: 9798664444636

# Index Capitulōrum
# (et Cētera)

**Praefātiō**     4

**I. astrologia**
quālitātēs hominum     6
elementa et nātūra hominum     9
tempora     11
quālitātēs differentēs     13
pars prīma: aestās et autumnus     15
sīgna zōdiaca et fābulae     20

**II. dē Cancrīs**     22

**III. dē Leōnibus**     34

**IV. dē Virginibus**     48

**V. dē Lībrīs**     60

**Index Verbōrum**     66

# Praefātiō

Above all else, know that this book is intendend for entertainment. An appropriate disclaimer, then, would be that sources of myths associated with the zodiac vary considerably, so expect some differences. Of course, this is completely unsurprising to anyone familiar with old tales, who might have a copy of Robert Graves' *The Greek Myths*, or who has ever thought "*hmm, I didn't think the story went that way.*" Rather than obsessing over finding *the* definitive source, I've settled on *a* version of myth that *could* be connected to each zodiac sign. Similarly, sources on zodiac qualities and characteristics contain a significant amount of overlap. This should also be unsurprising to anyone familiar with the simultaneous vagueness yet precision of reading horoscopes. Therefore, each zodiac has been assigned unique qualities and characteristics, even if those same ones appear in other signs found in other sources.


This book is the first of three volumes, each with four zodiac signs. Volume I contains 63 cognates and 84 other words (*excluding names, different forms of words, and meaning established in the text*). It's over 2,600 total words in length. *sīgna zōdiaca* is a non-fiction reader that includes adapted Classical myths. Although there's no single continuous narrative, it's been written just like the Pisoverse novellas (see *magisterp.com/novellas*). Including all these texts, the total number of words written for the beginning Latin student is nearly 50,000 using a vocabulary of under 740, over 43% of which are cognates!

While a growing list of how to use novellas is being shared (see "Using Novellas" on *magisterp.com/novellas*), a couple uses are specific to this *sīgna zōdiaca* series. For example, read *sīgna zōdiaca* as part of a "monthly myth" routine to mark when the zodiac changes. Or, when a student's birthday comes up, you can read about the details of their sign. Alternatively, if you already planned to read a higher level text of any myths associated with the signs, read *sīgna zōdiaca* first to provide a bit of scaffolding. *Who knows? Perhaps you'll find out that your original text needs further adapting!*

Were it not for feedback and support from John Bracey, Bob Patrick, and John Piazza, my work would be subject to the kind of unnecessary criticism found in the inner circles of Dante's Latin shaming hell (search *magisterp.com* for more about that). Besides, after all the edits and pilot readings—with actual first year high school Latin students—I'm content with whatever circle this work could be placed in. Still, if you've found something, or have questions, contact me directly (*magisterp.com/contact-me*).

Chloe Deeley has provided all illustrations. *See more of Chloe's artwork on Instagram @hatchbuddy.*

**Magister P**[iantaggini]
Northampton, MA
July 23rd , 2020

# astrologia

### quālitātēs hominum
multī hominēs astrologiam student.
astrologia est dē cōnstellātiōnibus.
in caelō, multae cōnstellātiōnēs sunt.

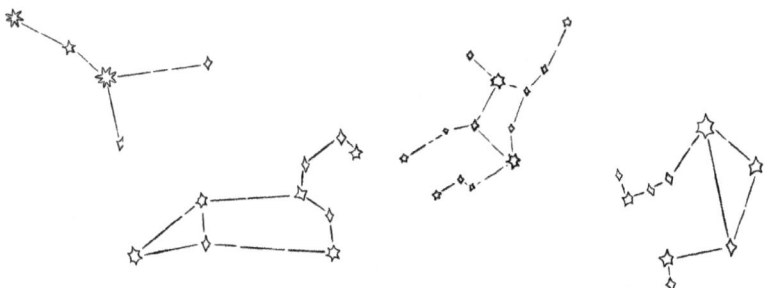

cōnstellātiōnēs in caelō
repraesentant fābulās.

fābulae sunt dē
hominibus mortālibus...

 ...et fābulae sunt dē immortālibus deīs.

fābulae sunt dē animālibus...

...et fābulae dē mōnstrīs quoque sunt!

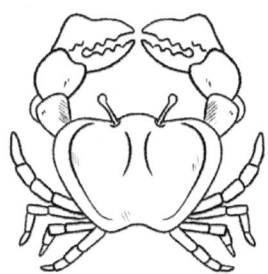

fābulae quālitātēs hominum dēscrībunt.
fābulae quoque nātūram[1] hominum
dēscrībunt. sunt multae quālitātēs
hominum. hominēs possunt esse:

bonī, callidī, cautī, criticī, difficilēs,
extraōrdināriī, fidēlēs, flexibilēs, fortēs,
impatientēs, intellegentēs, iocōsī,
modestī, particulārēs, passiōnālēs,
persuāsibilēs, pulchrī, rapidī, violentī, *etc.*

in astrologiā, cōnstellātiōnēs
dīviduntur in sīgna zōdiaca.
sunt duodecim (XII) sīgna zōdiaca.

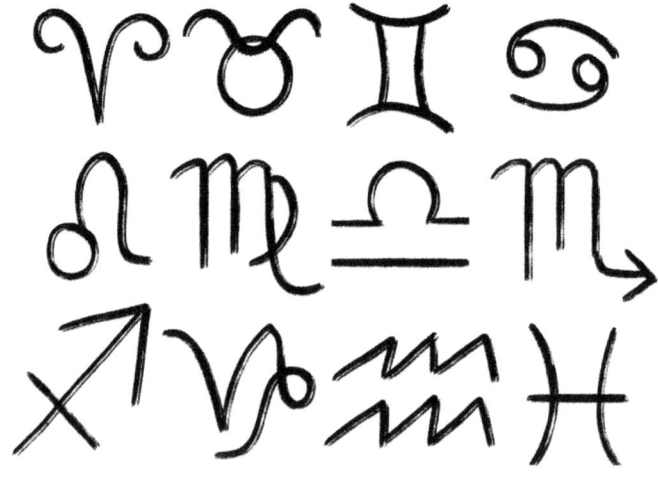

---

[1] **nātūram** *nature, characteristics*

in annō, quoque sunt mēnsēs duodecim.
ergō, sīgna zōdiaca repraesentant
mēnsēs et annum tōtum.

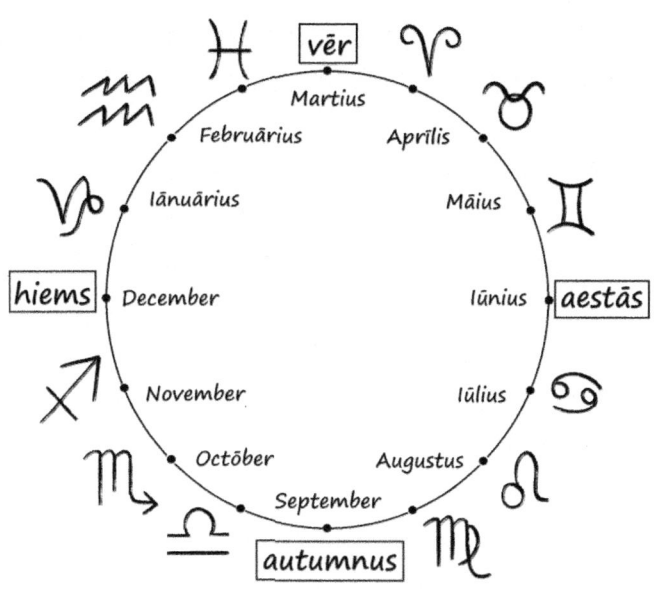

## **elementa et nātūra hominum**
sīgna zōdiaca dīviduntur
in elementa quattuor (IV).


elementa quattuor sīgnōrum zōdiacōrum
sunt īgnis, terra, aqua, et āēr.

sunt tria sīgna zōdiaca īgniāria
(**i**d **e**st,[2] Ariēs, Leō, Sagittārius).

sīgna zōdiaca terrestria tria sunt
(**i**d **e**st, Taurus, Virgō, Capricornus).

sīgna zōdiaca aquātica tria sunt
(**i**d **e**st, Cancer, Scorpiō, Piscēs).

et sunt tria sīgna zōdiaca āeria
(**i**d **e**st, Geminī, Lībra, Aquārius).

---

[2] **i**d **e**st = *This is the source of the English abbreviation* ***i.e.*** *meaning "that is," or "in other words."*

elementa dēscrībunt nātūram hominum.
nātūrae hominum sunt commūnicātiō,
cautiō, fidēs, et affectus.[3]

**<u>tempora</u>**
elementa quattuor (IV) quoque
repraesentant quattuor tempora annī.

tempora annī quattuor sunt
aestās, autumnus, hiems, et vēr.[4]

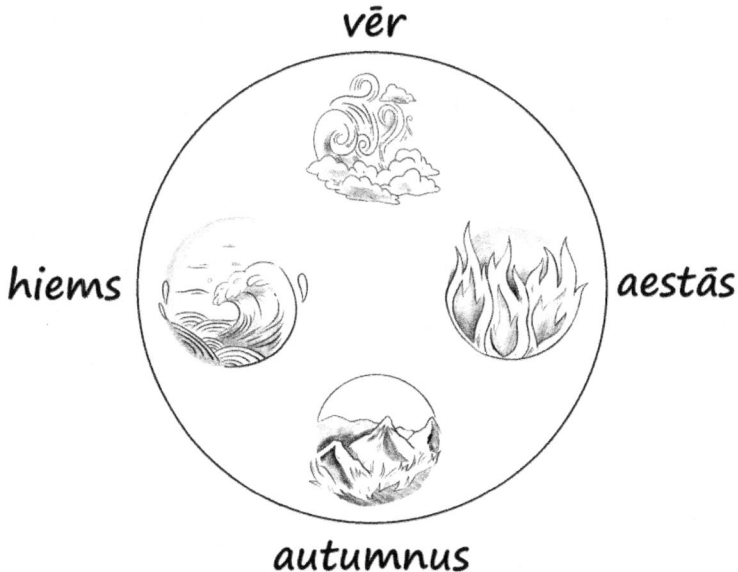

---

[3] **affectus** *affect, emotion*
[4] **aestās, autumnus, hiems, vēr** *summer, fall, winter, spring*

elementum īgnis aestātem repraesentat.
autumnus repraesentātur elementō terrā.
hiems repraesentātur elementō aquā.
et elementum āēr repraesentat vēr.

tempora annī quoque quālitātēs habent.
sunt duae (II) quālitātēs particulārēs temporibus.

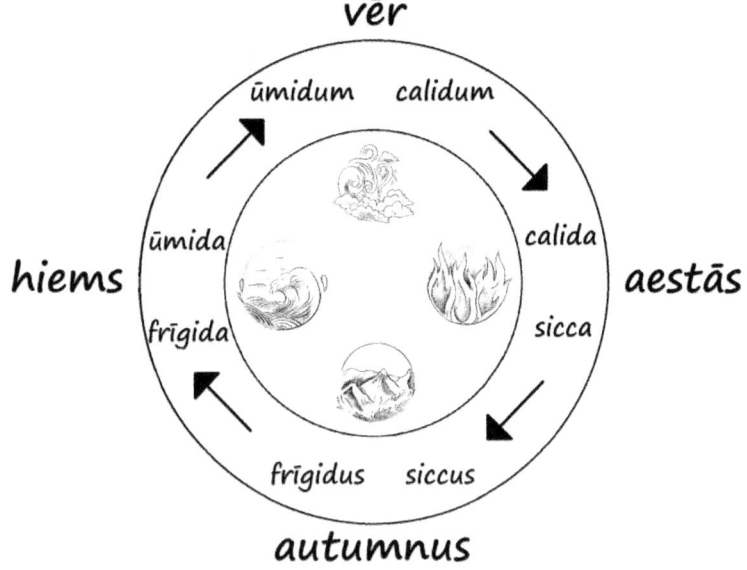

aestās calida et sicca[5] est.
autumnus est frīgidus et siccus.
hiems ūmida[6] et frīgida est.
et vēr est ūmidum et calidum.

---

[5] **calida et sicca** *hot and dry*
[6] **(h)ūmida** *humid, wet*

## quālitātēs differentēs**

elementa repraesentant duās (II) quālitātēs particulārēs temporibus.

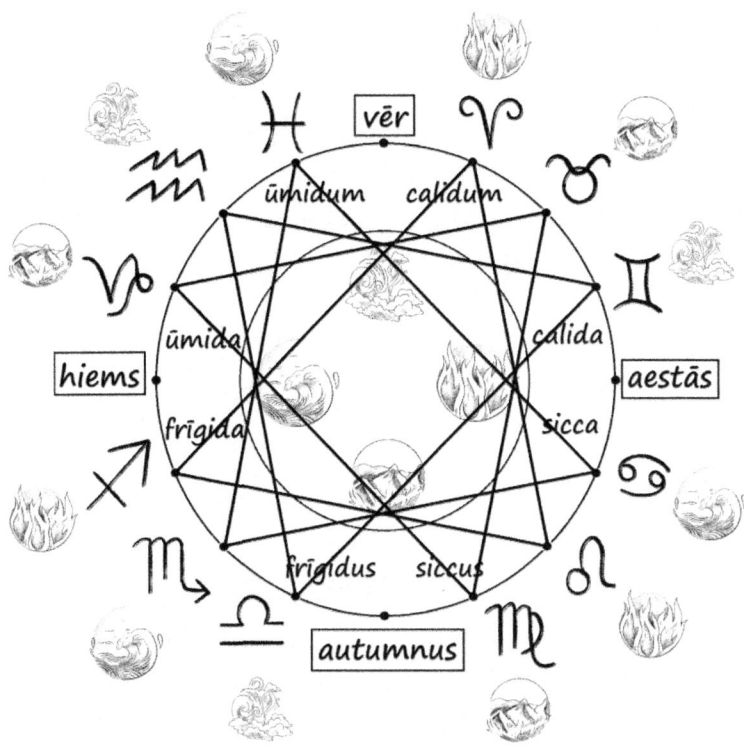

sīgna īgniāria calida et sicca sunt.
sīgna terrestria sicca et frīgida sunt.
sīgna aquātica frīgida et ūmida sunt.
et sīgna āeria ūmida et calida sunt.

sed...

---

**This is from the northern hemisphere perspective. In the southern hemisphere, the seasonal qualities are opposite.

nōn omnia sīgna elementī sunt tempore similī. ergō, quālitātēs elementōrum et temporum possunt esse differentēs. sīgna zōdiaca habent inter duās (II) et quattuor (IV) quālitātēs.

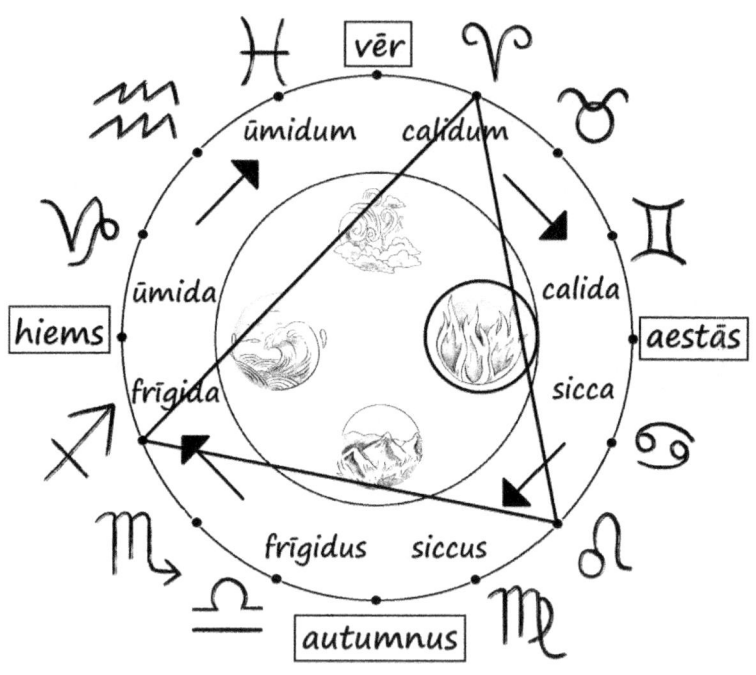

ex.
sīgna īgniāria (Ariēs, Leō, Sagittārius) calida et sicca sunt. Leō aestāte est. sed, nōn omnia sīgna īgniāria sunt aestāte. ergō, sīgna īgniāria Ariēs et Sagittārius quālitātēs calidās et siccās habent, et quoque quālitātēs differentēs temporum.

## pars prīma (Ist): aestās et autumnus

pars prīma (id est, "sīgna zōdiaca Vol. I") habet quattuor sīgna zōdiaca: Lībra, Virgō, Leō, et Cancer.

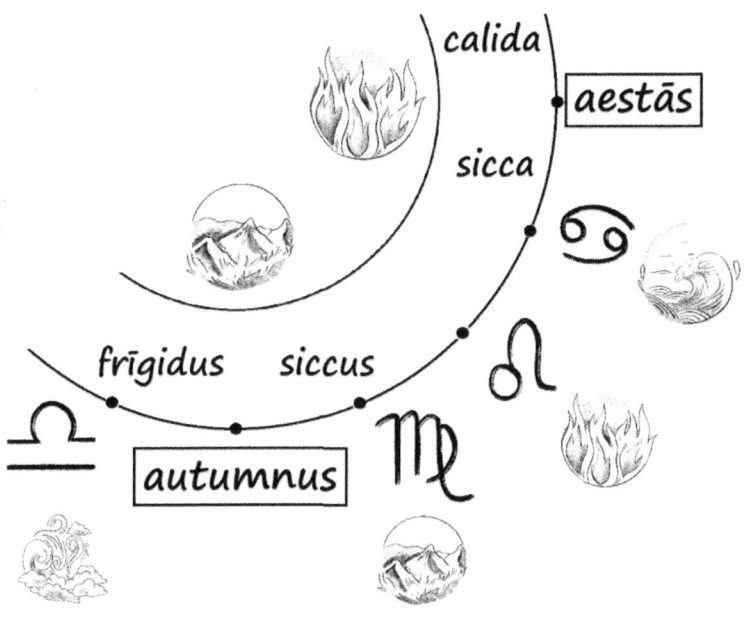

ergō, in prīmā parte, omnia elementa repraesentantur: āēr, terra, īgnis, et aqua.

sed, Cancer, Leō, et Virgō aestāte sunt. Lībra, autem, autumnō est.

ergō, in prīmā parte, duo (II) tempora repraesentantur: aestās, et autumnus.

aestās calida et sicca est.
elementum īgnis aestātem repraesentat.

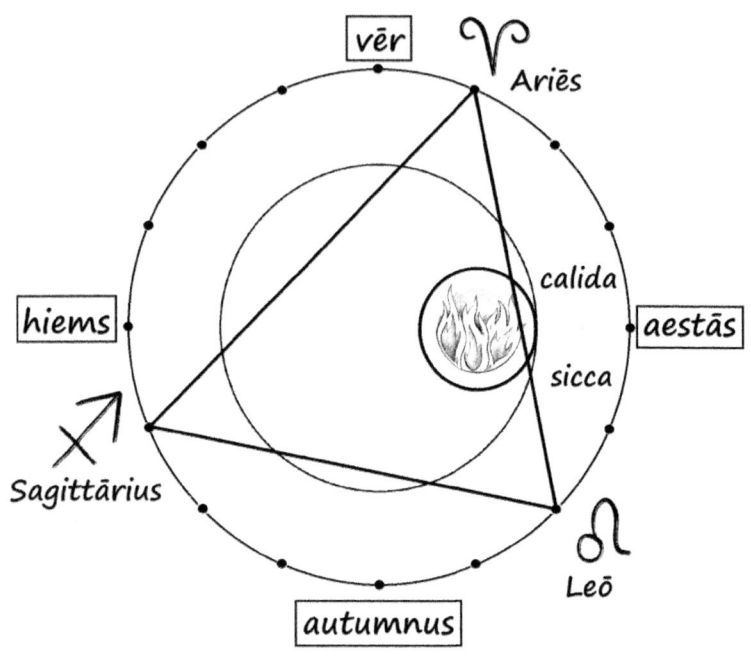

ergō, sīgna īgniāria calida et sicca sunt.

Leō — sīgnum īgniārium aestāte — est calidus et siccus (elementum īgnis), et quoque calidus et siccus (tempus aestās).

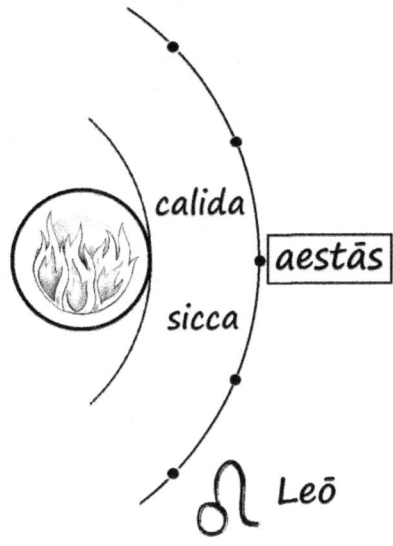

Leō quālitātēs particulārēs nōn trēs (III), nōn quattuor (IV), sed duās (II) habet.
Leō est calidus et siccus (elementum īgnis et tempus aestās).

Leō calidissimus et siccissimus est
(elementum īgnis *et* tempus aestās)!

sed, nōn omnia sīgna aestāte sunt īgniāria...

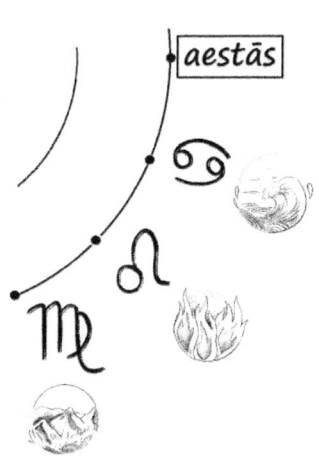

Cancer et Virgō quoque aestāte sunt. sed, Cancer et Virgō habent quālitātēs particulārēs elementōrum differentium.

Cancer—sīgnum aquāticum—est frīgidus et ūmidus (elementum aqua).

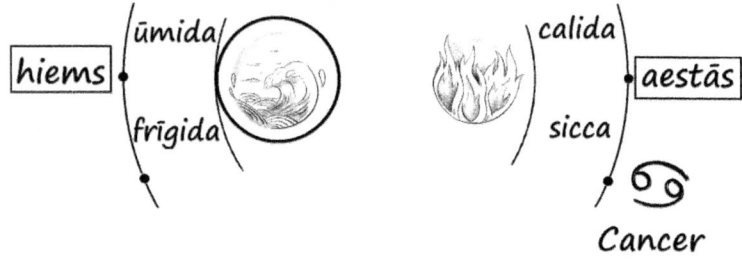

Virgō—sīgnum terrestre— sicca et frīgida (elementum terra) est.

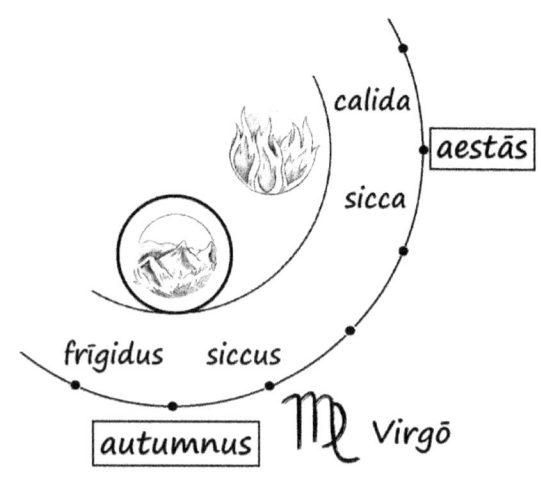

autumnus est siccus et frīgidus.
autumnus elementō terrā repraesentātur.

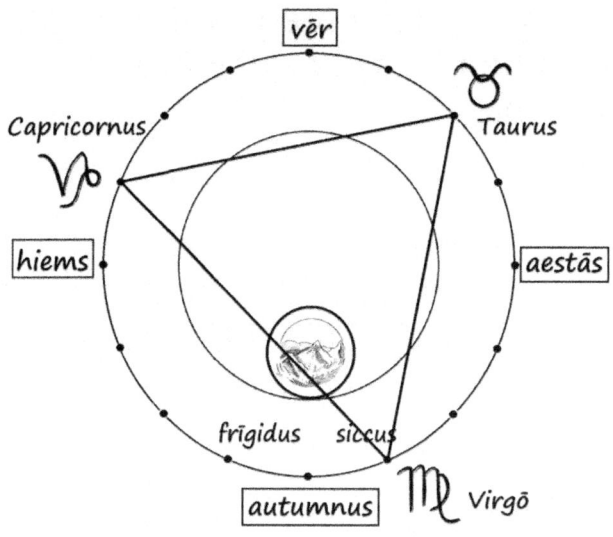

ergō, sīgna terrestria sicca et frīgida sunt.
sed, nōn omnia sīgna autumnō terrestria sunt...

Lībra autumnō est.
sed, Lībra habet quālitātēs particulārēs elementōrum differentium.
Lībra ūmida et calida (elementum āēr) est.

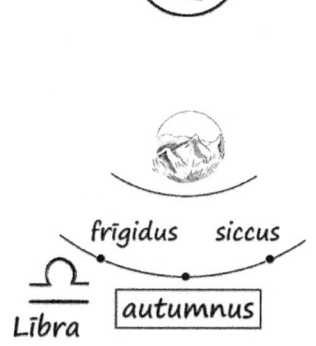

## sīgna zōdiaca et fābulae
sīgna zōdiaca habent quālitātēs variās hominum, et elementa repraesentant nātūram hominum et quālitātēs temporum.

ergō, sīgna zōdiaca et elementa dēscrībunt nātūram et quālitātēs hominum et quālitātēs temporum.

*ex.*
**Cancrī** sunt fidēlēs et persuāsibilēs.[7]
ergō, hominēs quī sunt Cancrī quoque sunt fidēlēs et persuāsibilēs.

sed, estne vērum? habentne hominēs omnēs quālitātēs similēs sīgnīs zōdiacīs?

est vērum, et quoque nōn vērum
(**id e**st, *potest esse* vērum).
sunt hominēs quī habent quālitātēs similēs, et sunt hominēs quī quālitātēs differentēs habent.

---

[7] **persuāsibilēs** *persuasive (i.e. can get people to do things)*

sīgna zōdiaca quoque fābulās variās repraesentant. hominēs Cancrī possunt esse fidēlēs et persuāsibilēs. fābula dē sīgnō zōdiacō Cancrō est mȳthos bonus.

mȳthos Canceris est dē Hercule et Iūnōne et mōnstrō Hȳdrā et cancrō immēnsō! Herculēs erat hērōs Graecus.
Herculēs fidēlis erat. Iūnō erat dea.
Iūnō persuāsibilis erat. mōnstrum Hȳdra et cancer immēnsus quoque mōnstra fidēlia erant, sed nōn fidēlia Herculī...

*audīvistīne fābulam dē Hercule et Iūnōne et mōnstrō Hȳdrā et cancrō immēnsō?*

*placentne tibi fābulae variae
dē mōnstrīs et deīs?*

*Quid est sīgnum zōdiacum tibi?*

*sīgnum zōdiacum tibi potest commūnicāre tuās quālitātēs.*[8]

*habēsne quālitātēs similēs?*

*habēsne quālitātēs differentēs?*

---

[8] **commūnicāre tuās quālitātēs** *communicate your qualities (i.e. tell you about your zodiac qualities)*

# dē Cancrīs

**Cancer** est sīgnum zōdiacum.
Cancer sīgnum quārtum (IV*th*) est
ex sīgnīs duodecim (XII).

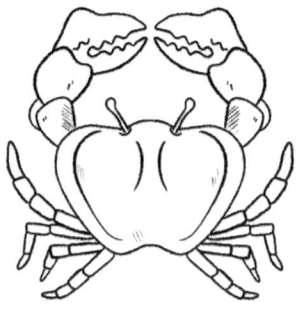

symbolus Canceris
est animal cancer.

Cancrī nātī sunt mēnsibus Iūniō et Iūliō.
Cancrī nātī sunt inter diem vīcēsimum
secundum (XXII*nd*) Iūniī, et diem
vīcēsimum secundum (XXII*nd*) Iūliī.

 Cancer est sīgnum aquāticum, ex elementō aquā.

elementum aqua hiemem repraesentat.
sed, Cancer aestāte est, nōn hieme.

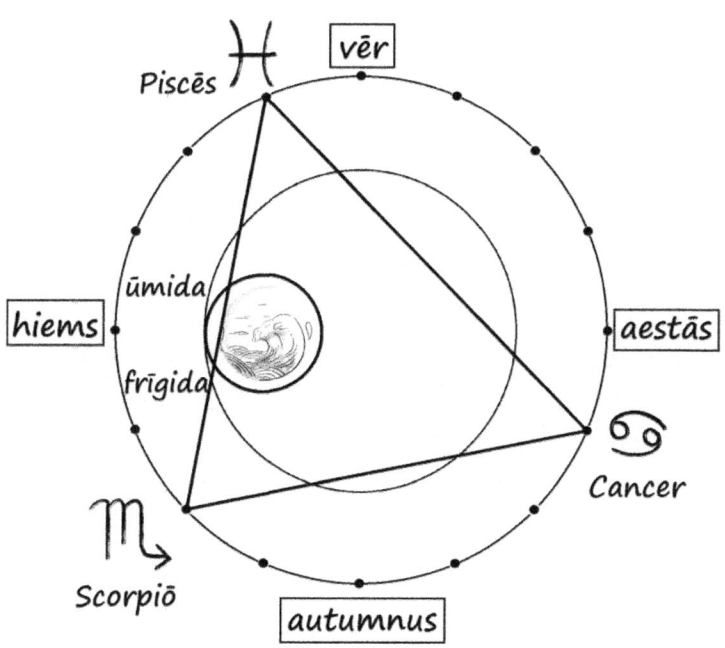

ergō, Cancer—sīgnum aquāticum aestāte
—est frīgidus et ūmidus
(elementum aqua),
et quoque calidus et siccus
(tempus aestās).

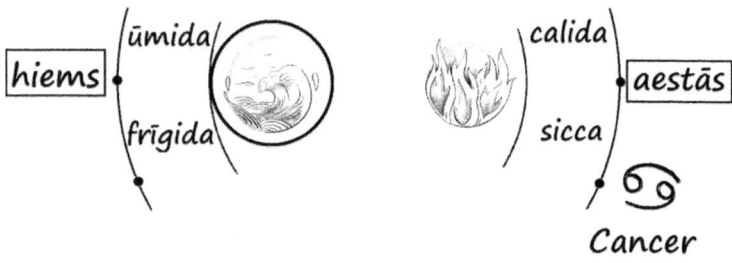

sīgna aquātica repraesentant nātūram
particulārem hominum.

affectus[1] repraesentātur sīgnīs aquāticīs.
ergō, nātūra particulāris Canceris est
affectus. Cancrī affectī sunt.

**Cancrī** sunt fidēlēs et persuāsibilēs.[2]

---

[1] **affectus** *affect, emotion*
[2] **persuāsibilēs** *persuasive*

esse fidēle est quālitās bona.
hominēs fidēlēs cum amīcīs remanent.
hominēs fidēlēs sēcrēta amīcōrum habent.

esse persuāsibile quoque est bona quālitās.
hominēs persuāsibilēs faciunt ut omnēs cōnsentiant.[3]
hominēs persuāsibilēs faciunt ut omnēs flexibilēs sint.[4]

---

[3] **faciunt ut omnēs cōnsentiant** *cause all to agree*
[4] **flexibilēs sint** *all to be flexible (i.e. open to other ideas)*

# mȳthos

## fābulae dē Cancrō

## mȳthos: pars

Eurystheus erat rēx Graecus. rēx Eurystheus voluit mōnstrum horribile interficī.[1]

mōnstrum horribile erat Hȳdra. rēx Eurystheus voluit Herculem interficere mōnstrum Hȳdram.

Herculēs territus nōn erat. ergō, Herculēs ad mōnstrum Hȳdram īvit. mōnstrum Hȳdra et Herculēs pugnābant et pugnābant et pugnābant.

---

[1] **interficī** *to be killed*

deae Iūnōnī (**id est**, Hērae) valdē nōn placēbat Herculēs. ergō, Iūnō voluit Hȳdram interficere Herculem. Herculēs fortissimus erat. sed, Hȳdra fortis nōn erat. Iūnō voluit cancrum immēnsum adiuvāre Hȳdram.

ergō, cancer immēnsus īvit ad Herculem. Hȳdra et cancer immēnsus in Herculem pugnābant.

sed, Herculēs cancrum interfēcit. cancrō interfectō,[2] dea Iūnō tristis erat.

ergō, Iūnō cancrum honōrāvit. ultimō, cancer trānsformātus est in cōnstellātiōnem Cancrum.

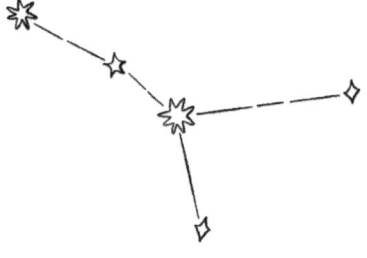

---

[2] **cancrō interfectō** *since the crab was killed*

## mȳthos: fābula tōta

in Graeciā, erat mōnstrum. mōnstrum Hȳdra erat. mōnstrum Hȳdra erat serpēns horribilis. mōnstrum Hȳdra capita septem habēbat. horrōrem!

erat rēx Graecus nōmine Eurystheus. rēx Eurystheus voluit mōnstrum Hȳdram interficī.[3]

erat hērōs Graecus, Herculēs. Herculēs optimus hērōs erat. rēx Eurystheus voluit Herculem interficere mōnstrum Hȳdram.

---

[3] **interficī** to be killed

*Eurystheus:*
"Herculēs, esne fidēlis mihi? rēx sum. volō tē mōnstrum Hȳdram interficere. erit difficile, sed interfice Hȳdram! violenter Hȳdram interfice!"

rēx Eurystheus persuāsibilis erat. ergō, Herculēs iam amīcus rēgis Eurystheī erat. quoque, Herculēs territus nōn erat.

ergō, Herculēs ad silvam Lernaeam īvit. in silvā Lernaeā, Herculēs ad mōnstrum Hȳdram cucurrit. Herculēs serpentem horribilem vīdit. horrōrem! deinde, Herculēs pugnābat in capita septem Hȳdrae. et, Hȳdra pugnābat in caput Herculis. mōnstrum Hȳdra et Herculēs pugnābant et pugnābant et pugnābant.

dea Iūnō (**id est**, Hēra), rēgīna deōrum immortālium omnium, vīdit Herculem et mōnstrum Hȳdram pugnantēs. deae Iūnōnī valdē nōn placēbat Herculēs. ergō, Iūnō voluit Herculem pūnīrī.[4]

---
[4] **pūnīrī** *to be punished*

Iūnō voluit Hȳdram violenter interficere Herculem. Hȳdra, autem, nōn tam fortis erat. ergō, Iūnō voluit cancrum magnum — nōn — imMĒNSUM adiuvāre mōnstrum[5] Hȳdram.

Iūnō:
"cancer immēnse, esne fidēlis mihi? dīvīna sum. sum rēgīna deōrum! volō tē adiuvāre mōnstrum Hȳdram. ī ad Graeciam! adiuvā mōnstrum Hȳdram!
fer mihi Herculem!
dā mihi caput Herculis!"

cancer immēnsus deam Iūnōnem audīvit. dea Iūnō persuāsibilis erat. cancer immēnsus fidēlis erat Iūnōnī. ergō, cancer immēnsus sēcrētē īvit ad mōnstrum Hȳdram ut Herculem interficeret.[6]

cancer immēnsus erat cum mōnstrō Hȳdrā. deinde, Hȳdra et cancer immēnsus in Herculem pugnābant.

---

[5] **adiuvāre mōnstrum** *to help the monster*
[6] **ut interficeret** *in order to kill*

subitō, Herculēs cancrum interfēcit!

cancrō interfectō,[7] dea Iūnō tristis erat. sed, Iūnō quoque laeta erat quia cancer adiūvit mōnstrum Hȳdram.

Iūnō dētermināvit cancrum esse honōrandum. ergō, Iūnō cancrum honōrāvit. dea Iūnō posuit cancrum in caelō. ultimō, cancer trānsformātus est in cōnstellātiōnem. erat honor magnus.

imāgō canceris in caelō remanēbat, et remanēbat, et remanēbat.

ergō, imāgō canceris cōnstellātiō est. post multōs annōs, Cancer vidērī[8] potest. *in caelō, potesne vidēre Cancrum?*

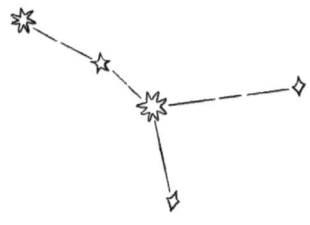

---

[7] **cancrō interfectō** *since the crab was killed*
[8] **vidērī** *to be seen*

# dē Leōnibus

**Leō** sīgnum zōdiacum est.
Leō est sīgnum quīntum (V*th*)
ex sīgnīs duodecim (XII).

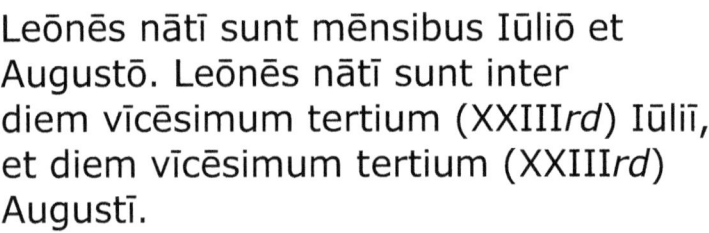

symbolus Leōnis
est animal leō.

Leōnēs nātī sunt mēnsibus Iūliō et
Augustō. Leōnēs nātī sunt inter
diem vīcēsimum tertium (XXIII*rd*) Iūliī,
et diem vīcēsimum tertium (XXIII*rd*)
Augustī.

Leō est sīgnum īgniārium, ex elementō īgne.

elementum īgnis repraesentat aestātem. Leō — sīgnum īgniārium, aestāte — est calidus et siccus (īgnis), et quoque calidus et siccus (aestās).

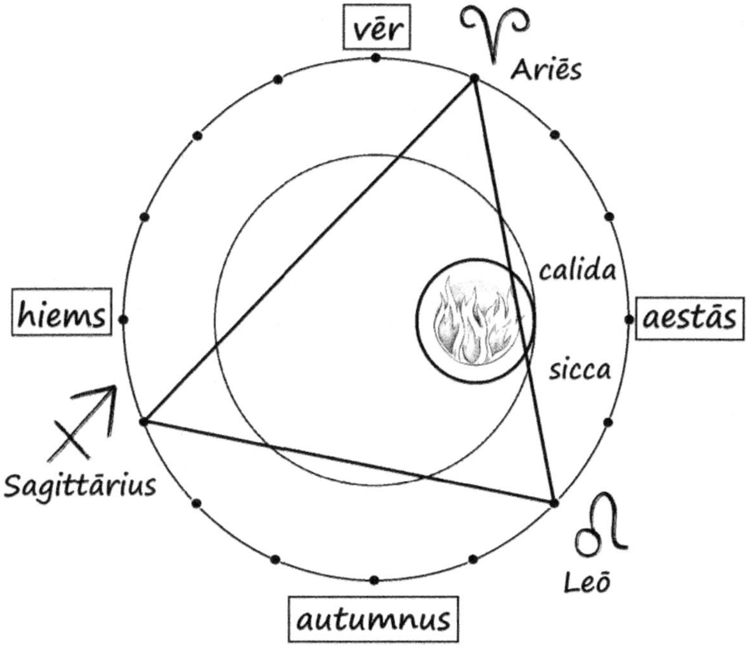

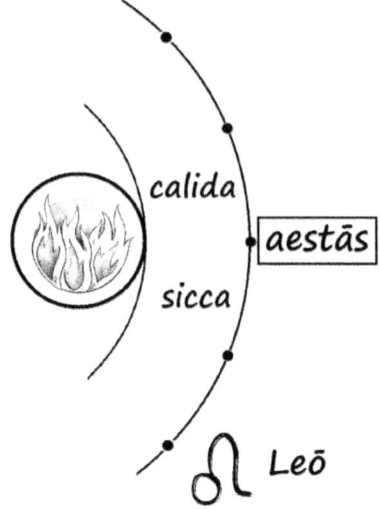

ergō, Leō est sīgnum zōdiacum extraōrdinārium. Leō sīgnum forte est. elementa et tempora differentia nōn sunt. Leō est calidus et siccus (īgnis et aestās).

sīgna īgniāria repraesentant nātūram particulārem hominum.

fidēs repraesentātur sīgnīs īgniāriīs.
ergō, nātūra particulāris Leōnis est fidēs.
Leōnēs fidēlēs sunt.

**Leōnēs** sunt iocōsī et impatientēs.

esse iocōsum[1] est quālitās bona.
hominēs iocōsī difficilēs nōn sunt.
hominēs iocōsī fābulās bene dēscrībunt.

esse impatiente, autem,
nōn tam bona quālitās est.
multī hominēs impatientēs laetī nōn sunt.
hominēs impatientēs rapidissimī sunt.

---

[1] **esse iocōsum** *being funny*

# mȳthos

## fābulae dē Leōne

## mȳthos: pars

Eurystheus erat rēx Graecus. rēx Eurystheus volēbat pellem[2] leōnis extraōrdināriī.

rēx Eurystheus voluit Herculem interficere leōnem extraōrdinārium.

ergō, Herculēs ad urbem Nemeam īvit ut interficeret[3] leōnem extraōrdinārium.

in urbe Nemeā, Herculēs voluit mittere sagittās in leōnem. Herculēs sagittās in leōnem mittere voluit ut leōnem interficeret.

---

[2] **volēbat pellem** *wanted a pelt (i.e. skin of certain animals)*
[3] **ut interficeret** *in order to kill*

ergō, Herculēs sagittās in leōnem mīsit. sed, pellis leōnis impenetrābilis erat. Herculēs erat impatiēns.

Herculēs quoque fustem habuit.[4] ergō, Herculēs in leōnem pugnābat.

fuste,[5] Herculēs leōnem extraōrdinārium interfēcit. Herculēs iam habuit pellem extraōrdinārium.

Iuppiter voluit leōnem honōrāre.

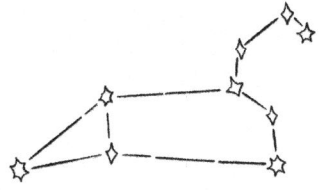

ergō, leō trānsformātus est in cōnstellātiōnem Leōnem.

---

[4] **fustem habuit** *had a club*
[5] **fuste** *with the club*

## mȳthos: fābula tōta

erat rēx Graecus nōmine Eurystheus. rēx Eurystheus volēbat pellem⁶ leōnis extraōrdināriī.

leō extraōrdinārius in urbe Nemeā habitābat.

Herculēs erat hērōs Graecus. Herculēs nōn erat iocōsus. sed, Herculēs fidēlis Eurystheō erat. Herculēs et Eurystheus amīcī erant.

ergō, rēx Eurystheus voluit Herculem leōnem extraōrdinārium interficere.

---

⁶ **volēbat pellem** *wanted a pelt (i.e. skin of certain animals)*

*Eurystheus:*
"Herculēs, volō pellem leōnis extraōrdināriī. semper fidēlis es mihi. volō tē leōnem extraōrdinārium interficere. erit difficile, sed ī ad urbem Nemeam, et interfice leōnem! sūme pellem, et fer mihi pellem! dā mihi pellem leōnis extraōrdināriī, et habēbis honōrem magnum."

ergō, Herculēs iter ad urbem Nemeam fēcit[7] ut interficeret[8] leōnem extraōrdinārium.

Herculēs erat sagittārius optimus, quī studēbat arcuī et sagittīs. ergō, Herculēs arcum et sagittās semper habēbat. Herculēs voluit mittere sagittās in leōnem. Herculēs sagittās in leōnem mittere voluit ut leōnem interficeret. ergō, Herculēs arcum sumpsit. Herculēs leōnem audīvit.

---

[7] **iter fēcit** *made a journey (i.e. went on a journey)*
[8] **ut interficeret** *in order to kill*

subitō, Herculēs sagittās in leōnem mīsit!

sed, pellis leōnis impenetrābilis erat! Herculēs erat impatiēns. leō in cavernam rapidē cucurrit. Herculēs, autem, territus nōn erat.

Herculēs quoque fustem[9] habuit. ergō, Herculēs in cavernam quoque cucurrit. deinde, Herculēs pugnābat in caput leōnis. Herculēs in leōnem pugnābat fuste.[10]

ultimō, in cavernā, Herculēs leōnem extraōrdinārium interfēcit. Herculēs pellem leōnis cēpit et sumpsit. Herculēs pellem leōnis in caput posuit. pellis leōnis extraōrdināria erat. pellis leōnis impenetrābilis erat.

---

[9] **fustem habuit** *had a club*
[10] **fuste** *with the club*

pellī leōnis captā,[11] Herculēs iter ad rēgem Eurystheum fēcit. sed, rēx Eurystheus territus erat! rēx Eurystheus erat territus ab Herculī, quī pellem leōnis impenetrābilem habuit. ergō, Herculēs pellem leōnis Eurystheō nōn dedit.

ergō, Herculēs habuit pellem. mōnstra et hominēs nōn potuērunt interficere Herculem. Herculēs tūtus erat.

deinde, Iuppiter (**id e**st, Zeus) dētermināvit leōnem esse honōrandum. ergō, Iuppiter leōnem honōrāvit. Iuppiter, rēx deōrum immortālium omnium, posuit leōnem extraōrdinārium in caelō.

ultimō, leō trānsformātus est in cōnstellātiōnem. honor magnus erat. imāgō leōnis in caelō remanēbat, et remanēbat, et remanēbat.

---

[11] **pellī captā** *after the pelt was taken*

ergō, imāgō leōnis est cōnstellātiō.
post multōs annōs, Leō vidērī[12] potest.
*in caelō, potesne vidēre Leōnem?*

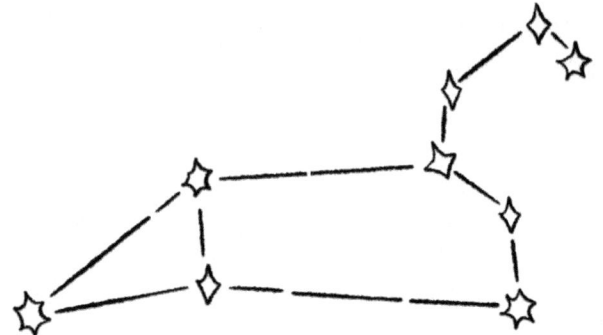

---

[12] **vidērī** *to be seen*

# dē Virginibus

**Virgō** est sīgnum zōdiacum. Virgō sīgnum sextum (VI*th*) est ex sīgnīs duodecim (XII).

symbolus Virginis nōn est animal. symbolus Virginis est adulēscēns fēminīna.

Virginēs nātae sunt mēnsibus Augustō et Septembrī. Virginēs nātae sunt inter diem vīcēsimum quārtum (XXIV*th*) Augustī, et diem vīcēsimum secundum (XXII*nd*) Septembris.

Virgō est sīgnum terrestre,
ex elementō terrā.

elementum terra
autumnum repraesentat.

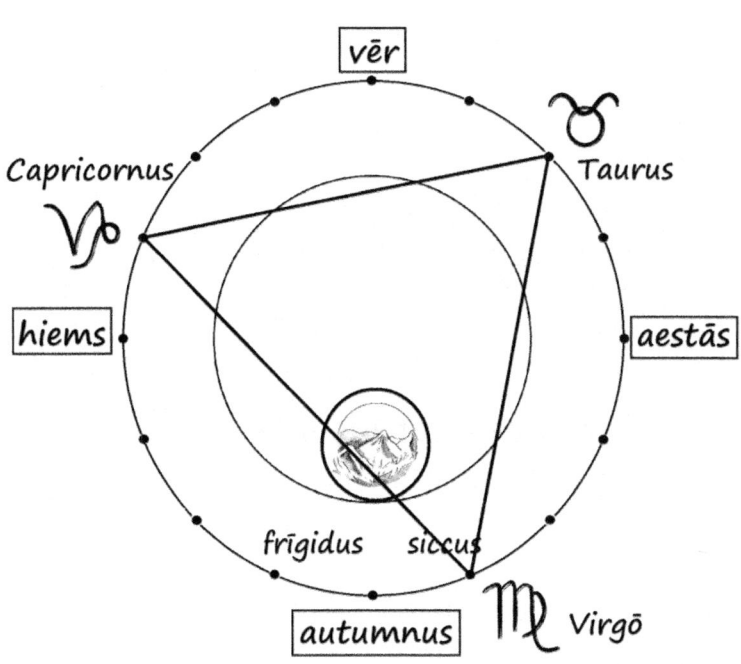

sed, Virgō aestāte est, nōn tōtō autumnō. ergō, Virgō — sīgnum terrestre, sed aestāte — est sicca et frīgida (terra), et quoque calida et sicca (aestās).

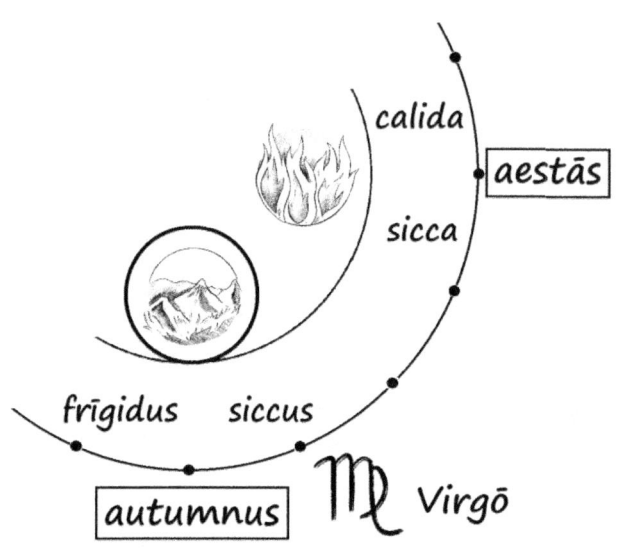

sīgna terrestria repraesentant nātūram particulārem hominum.


cautiō repraesentātur sīgnīs terrestribus. ergō, nātūra particulāris Virginis est cautiō. Virginēs cautae sunt.

**Virginēs** sunt modestae et criticae.

esse modestum est quālitās bona.
hominēs modestī bonās quālitātēs nōn commūnicant.[1]
modestī hominēs sēcrēta habent.

esse criticum est quālitās bona,
sed quoque nōn tam bona.
hominēs criticī omnia vident.
sed, multī hominēs criticī laetī nōn sunt.

---

[1] **bonās quālitātēs commūnicāre** *to communicate good qualities (i.e. share good qualitities / show off)*

# mȳthos

## fābulae dē Virgine

## mȳthos: pars

Persephonē dīvīna adulēscēns fēminīna erat.

Plūtō (**id e**st, Ἅδης)² erat deus īnferōrum.³ deō Plūtōnī valdē placēbat Persephonē.

Plūtō Persephonen adōrābat. ergō, Plūtō Persephonen voluit. sed, Persephonē Plūtōnem nōn voluit.

Plūtō deus violentus erat. Plūtō ad Persephonen īvit. Plūtō Persephonen cēpit. sed, Persephonē nōn cōnsēnsit. Persephonē abducta erat. erat abductiō horribilis.

Persephonē iam in īnferīs erat. in īnferīs, Plūtō rēx erat.

---

² **Ἅδης** *Greek spelling of Hades (pronounced "HEY-dayz")*
³ **deus īnferōrum** *god of the underworld regions*

ergō, in īnferīs Persephonē erat rēgīna. sed, Persephonē nōn voluit esse in īnferīs tōtum annum.

ergō, partem annī Persephonē in īnferīs erat, et partem annī Persephonē erat extrā īnferōs. Persephonē est symbolus temporum quattuor.

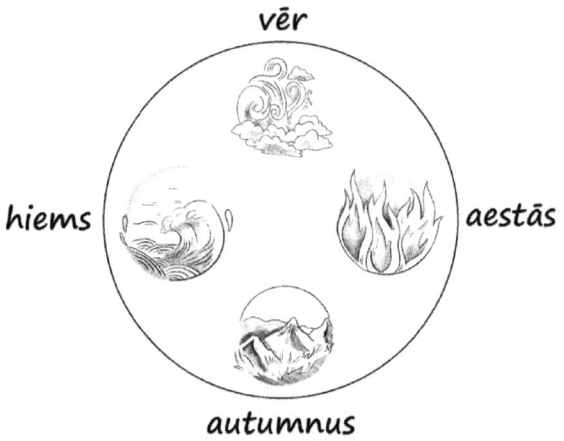

ultimō, Persephonē trānsformāta est in cōnstellātiōnem Virginem.

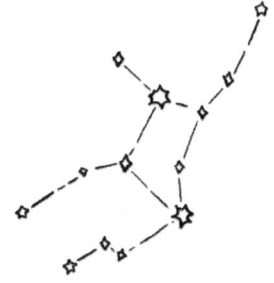

## mȳthos: fābula tōta

Iuppiter (**id e**st, Zeus) frātrem habēbat.

frāter Iovis erat Plūtō (**id e**st, Ἅδης).⁴ Iuppiter deus caelī, Plūtō deus īnferōrum⁵ erat.

in Siciliā, erat dīvīna adulēscēns fēminīna nōmine Persephonē. Persephonē adulēscēns modesta erat, sed nōn critica. deō Plūtōnī valdē placēbat Persephonē. Plūtō Persephonen adōrābat. ergō, Plūtō Persephonen voluit. Persephonē, autem, Plūtōnem nōn voluit.

Plūtō deus violentus erat. ergō, Persephonē tūta nōn erat. subitō, Plūtō Persephonen cēpit, et abdūxit, sēcrētē!

---

⁴ **Ἅδης** *Greek spelling of Hades (pronounced "HEY-dayz")*
⁵ **deus īnferōrum** *god of the underworld regions*

Persephonē, autem, adulēscēns territa nōn cōnsēnsit. erat horribile. sed, Plūtō deus erat. deī magnam potestātem habēbant. Plūtō immortālis fortis erat. Persephonē dīvīna, sed nōn tam fortis erat. Persephonē erat cauta, sed Persephonē potestātem nōn habuit.

ergō, Persephonē abducta est. erat abductiō horribilis et tristis quia deus violentus Plūtō Persephonen abdūxit. deus Plūtō, autem, nōn pūnītus est. Persephoneā abductā, Plūtō adulēscentem territam tulit in īnferōs.

in īnferīs, Plūtō rēx erat.
ergō, in īnferīs, Persephonē erat rēgīna. sed, Persephonē in īnferīs semper nōn remanēbat tōtum annum.

*Persephonē:*
"rēx Plūtō, sum rēgīna tua.
in īnferīs habitāmus.
sed, fer mē ad terram!
fer mē ad Montem Olympum!
volō ex īnferīs īre! volō itinera facere!"

Persephonē persuāsibilis erat, et Plūtō Persephonen valdē adōrābat. ergō, tempus in īnferīs et tempus in terrā dīvidēbantur (**id est**, partem annī Persephonē in īnferīs remanēbat, et partem annī Persephonē extrā īnferōs remanēbat). in īnferīs, Persephonē cum Plūtōne habitābat. sed, extrā īnferōs, Persephonē in terrā et in Monte Olympō habitāre potuit.

Persephonē in īnferīs habitābat, deinde in terrā habitābat.

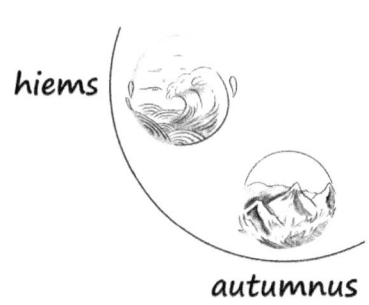

ergō, Persephonē est symbolus temporum quattuor. autumnō et hieme,[6] Persephonē erat in īnferīs.

---

[6] **autumnō et hieme** *in the autumn and winter*

vēre et aestāte,[7] Persephonē extrā īnferōs, et in terrā et in Monte Olympō erat.

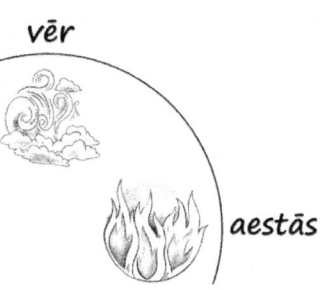

ultimō, Persephonē trānsformāta est in cōnstellātiōnem. imāgō Persephonēs in caelō iam est virgō. imāgō Persephonēs in caelō remanēbat, et remanēbat, et remanēbat. ergō, cōnstellātiō Virgō repraesentat Persephonen. post multōs annōs, Virgō vidērī[8] potest.

*potesne vidēre Persephonen in caelō?*

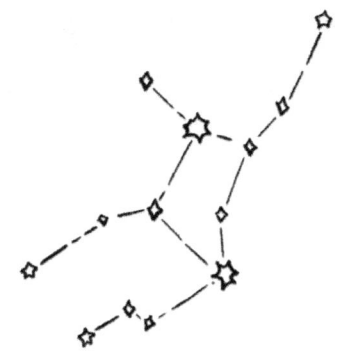

---

[7] **vēre et aestāte** *in the spring and summer*
[8] **vidērī** *to be seen*

# dē Librīs

**Lībra** est sīgnum zōdiacum.
Lībra sīgnum septimum (VIIth) est
ex sīgnīs duodecim (XII).

symbolus Lībrae est
īnstrūmentum lībra.

Lībrae nātae sunt mēnsibus Septembrī et
Octōbrī. Lībrae nātae sunt inter diem
vīcēsimum tertium (XXIIIrd) Septembris,
et diem vīcēsimum tertium (XXIIIrd)
Octōbris.

Lībra est sīgnum āerium,
ex elementō āere.

elementum āēr repraesentat vēr.

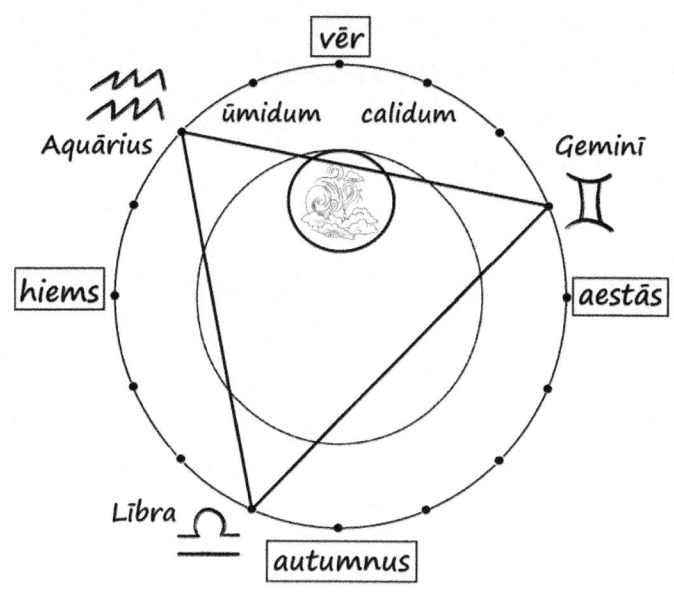

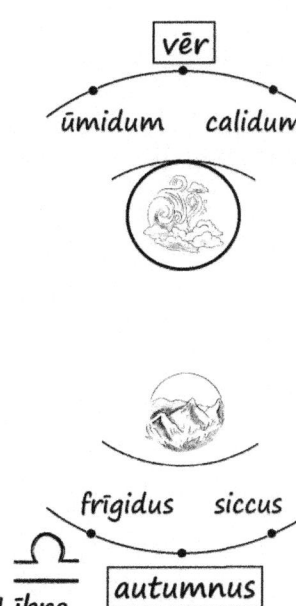

Lībra—sīgnum āerium, sed autumnō—est ūmida et calida (āēr), et quoque sicca et frīgida (autumnus).

sīgna āeria repraesentant nātūram particulārem hominum. commūnicātiō repraesentātur sīgnīs āeriīs.
ergō, nātūra particulāris Lībrae est commūnicātiō. Lībrae optimē commūnicant.

**Lībrae** sunt iūstae et callidae.[9]

esse iūstum quālitās bona est.
hominēs iūstī omnēs adiuvant.[10]
iūstitia magnī mōmentī[11] est hominibus iūstīs.

esse callidum est quālitās bona,
sed quoque nōn bona.
hominēs callidī intellegentēs sunt.
hominēs callidī possunt
esse persuāsibilēs.
ergō, hominēs callidī
nōn tam iūstī possunt esse.

---

[9] **iūstae et callidae** *just and clever*
[10] **omnēs adiuvant** *help everyone*
[11] **magnī mōmentī** *of great movement (i.e. important)*

# mȳthos

## dē Lībrā

Lībra est sīgnum zōdiacum extraōrdinārium.

symbolus Lībrae nōn est animal.
symbolī Lībrae quoque nōn sunt hominēs masculīnī et fēminīnī.

symbolus Lībrae mortālis nōn est.
et symbolus Lībrae nōn est dīvīnus.

symbolus Lībrae quoque
nōn repraesentātur mȳthe.

symbolus Lībrae, autem, est īnstrūmentum lībra.

iūstitia[1] repraesentātur īnstrūmentō lībrā. Graecīs et Rōmānīs valdē placēbat iūstitia. iūstitia dēterminat pūniendum.[2] multī Graecī et Rōmānī volēbant esse iūstī. ergō, iūstitia erat magnī mōmentī Graecīs et Rōmānīs.

---

[1] **iūstitia** *justice*
[2] **dēterminat pūniendum** *determines who is to be punished*

sed, multī hominēs iūstī quoque sunt callidī. hominēs callidī possunt esse persuāsibilēs. ergō, suntne omnēs hominēs callidī...quoque iūstī?

post annōs multōs, sīgnum zōdiacum Lībra iam commūnicat iūstitiam fuisse[3] magnī mōmentī Graecīs et Rōmānīs.

*estne iūstitia magnī mōmentī tibi?*

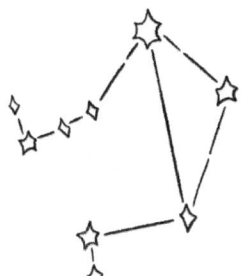

*potesne vidēre īnstrūmentum lībram in caelō?*

---

[3] **commūnicat iūstitiam fuisse** *communicates that justice was*

# Index Verbōrum

## A
**Ἅδης** *Greek spelling of Hades (pronounced "HEY-dayz"), god of underworld*
**ā/ab** *from, by, away*
**abducta** *abducted (i.e. taken away)*
  **abductā** *abducted*
    Persephoneā abductā *with Persepone being abducted*
  **abductiō** *abduction*
  **abdūxit** *abducted*
    Persephonen abdūxit *abducted Persephone*
**ad** *towards, to, for the purpose of*
**adiuvā!** *Help!*
    adiuvā Hȳdram! *Help Hydra!*
  **adiuvant** *help*
    omnēs adiuvant *they help everyone*
  **adiuvāre** *to help*
    adiuvāre Hȳdram *to help Hydra*
  **adiūvit** *helped*
    adiūvit Hȳdram *helped Hydra*
**adōrābat** *adored*
    Persephonen adōrābat *adored Persephone*
**adulēscēns** *adolescent (i.e. a teen)*
    adulēscēns fēminīna *feminine adolescent, such as a young woman*
  **adulēscentem** *adolescent*
    adulēscentem tulit *carried the adolescent*
**āēr** *air*
 **āere** *air*
    ex elementō āere *from the element air*
 **āeria** *airy, air*
 **āeriīs** *airy*
    repraesentātur sīgnīs āeriīs *represented by air signs*
 **āerium** *airy, air*
**aestās** *summer*
  **aestāte** *in the summer*

**aestātem** *summer*
   aestātem repraesentat *represents summer*
**affectī** *affected, emotional*
  **affectus** *affect, emotion*
**amīcī** *friends*
  **amīcīs** *friends*
    cum amīcīs remanent *they remain with friends*
  **amīcōrum** *of friends*
    sēcrēta amīcōrum habent *keep their friends' secrets*
  **amīcus** *friend*
**animal** *animal*
  **animālibus** *animals*
    dē animālibus *about animals*
**annī** *of the year*
    tempora annī *seasons of the year*
    partem annī *for part of the year*
  **annō** *year*
    in annō *in the year*
  **annōs** *year*
    post multōs annōs *after many years*
  **annum** *year*
    repraesentant annum tōtum *represent the whole year*
    tōtum annum *for the whole year*
**aqua** *water*
 **aquā** *by water*
    repraesentātur aquā *is represented by water*
**aquātica** *aquatic, watery, water*
  **aquāticīs** *by water*
    repraesentātur sīgnīs aquāticīs *is represented*
                       *by water signs*
  **aquāticum** *water*
**arcuī** *a bow*
    studēbat arcuī et sagittīs *studied bow and arrows*
  **arcum** *a bow*
    arcum et sagittās habēbat *had a bow and arrows*
    arcum sumpsit *picked up the bow*
**Ariēs** *Aries*
**astrologia** *astrology*
  **astrologiā** *astrology*
    in astrologiā *in astrology*
  **astrologiam** *astrology*

    astrologiam student *study astrology*
**audīvistīne?** *Have you heard?*
    audīvistīne fābulam? *Have you heard the tale?*
  **audīvit** *heard*
    leōnem audīvit *heard the lion*
**Augustī** *of August*
    vīcēsimum tertium Augustī *twenty third of August*
    vīcēsimum quārtum Augustī *twenty fourth of August*
  **Augustō** *in August*
**autem** *however*
**autumnō** *in autumn, fall*
    tōtō autumnō *not throughout all autumn*
  **autumnum** *autumn*
    autumnum repraesentat *represents autumn*
  **autumnus** *autumn*

# B,C

**bene** *well, good*
  **bona** *good*
  **bonās** *good*
    bonās quālitātēs communicāre *to communicate good qualities*
  **bonī** *good*
  **bonus** *good*
**caelī** *of the sky*
    deus caelī *god of the sky*
  **caelō** *sky*
    in caelō *in the sky*
**calida** *hot, warm*
  **calidās** *warm*
    quālitātēs calidās habent *they have warm qualities*
  **calidissimus** *very hot, especially hot*
  **calidum** *hot*
  **calidus** *hot*
**callidae** *clever*
  **callidī** *clever*
  **callidum** *clever*
    esse callidum *being clever*
**cancer** *a crab, Cancer*
  **canceris** *of a crab, of Cancer*

    mȳthos Canceris *Cancer's myth*
    symbolus Canceris *Cancer's symbol*
    nātūra Canceris *characteristic of Cancer*
    imāgō canceris *image of the crab*
**cancrī** *crabs, Cancers*
**cancrīs** *crabs, Cancers*
    dē Cancrīs *about Cancers*
**cancrō** *crab*
    dē cancrō immēnsō *about the giant crab*
    cancrō interfectō *since the crab was killed*
**cancrum** *a crab, Cancer*
    voluit cancrum adiuvāre *wanted the crab to help*
    cancrum interfēcit *killed the crab*
    cancrum honōrāvit *honored the crab*
    trānsformātus est in Cancrum *transformed into Cancer*
    dētermināvit cancrum esse *determined the crab was*
    posuit cancrum in caelō *placed the crab in the sky*
**capita** *heads*
    capita septem habēbat *had seven heads*
    pugnābat in capita Hȳdrae *fought the heads of Hydra*
**caput** *head*
    pugnābat in caput Herculis *fought Hercules' head*
    dā mihi caput Herculis! *Give me Hercules' head!*
    pugnābat in caput leōnis *fought the lion's head*
    in caput posuit *placed onto head*
**captā** *captured, taken*
    pellī captā *after the pelt was taken*
**cauta** *cautious*
  **cautae** *cautious*
  **cautī** *cautious*
  **cautiō** *caution*
**cavernā** *cavern*
    in cavernā *in the cavern*
  **cavernam** *cavern*
    in cavernam cucurrit *ran into the cavern*
**cēpit** *captured, took*
    pellem cēpit *took the pelt*
    Persephonen cēpit *captured Persephone*
**commūnicant** *communicate*
    optimē communicant *they communicate the best*
  **commūnicāre** *to communicate*

    commūnicāre quālitātēs *to communicate qualities*
**commūnicat** *communicates*
    commūnicat iūstitiam fuisse *communicates justice was*
**commūnicātiō** *communication*
**cōnsentiant** *agree*
    faciunt ut omnēs cōnsentiant *they cause all to agree*
**cōnsēnsit** *agreed*
**cōnstellātiō** *constellation (i.e. group of stars)*
  **cōnstellātiōnem** *constellation*
    trānsformātus est in cōnstellātiōnem *was transformed into the constellation*
  **cōnstellātiōnēs** *constellations*
  **cōnstellātiōnibus** *constellations*
    dē cōnstellātiōnibus *about constellations*
**critica** *critical (i.e. looking into things, often disapproving)*
  **criticae** *critical*
  **criticī** *critical*
  **criticum** *critical*
    esse criticum *being critical*
**cucurrit** *ran*
    ad mōnstrum cucurrit *ran towards the monster*
    in cavernam cucurrit *ran into the cavern*
**cum** *with*

# D

**dā!** *Give!*
    dā mihi caput Herculis! *Give me Hercules' head!*
    dā mihi pellem! *Give me the pelt!*
  **dedit** *gave*
    Eurystheō nōn dedit *didn't give to Eurystheus*
**dē** *about*
**dea** *goddess*
  **deae** *goddess*
    deae Iūnōnī *to the goddess Juno*
  **deam** *goddess*
    deam audīvit *heard the goddess*
  **deī** *gods*
  **deīs** *gods*
    dē immortālibus deīs *about immortal gods*
  **deō** *god*

deō Plūtōnī *to the god Pluto*
**deōrum** *of the gods*
   rēgīna deōrum *queen of the gods*
   deōrum immortālium omnium *of all immortal gods*
**deus** *a god*
**deinde** *then*
**dēscrībunt** *describe*
   quālitātēs dēscrībunt *they describe qualities*
   nātūram dēscrībunt *they describe characteristics*
   fābulās dēscrībunt *they describe stories*
**dēterminat** *determines*
   dēterminat pūniendum *determines who is to be punished*
**dētermināvit** *determined*
   dētermināvit cancrum esse *determined the crab was*
   dētermināvit leōnem esse *determined the lion was*
**diem** *day*
   inter diem *between the day*
**differentēs** *different*
  **differentia** *different*
  **differentium** *of different*
   elementōrum differentium *of different elements*
**difficile** *difficult*
 **difficilēs** *difficult*
**dīvidēbantur** *were divided*
 **dīviduntur** *are divided*
   dīviduntur in *are divided into*
**dīvīna** *divine (i.e. of, like, or from gods and goddesses)*
 **dīvīnus** *divine*
**duae** *two*
 **duās** *two*
   repraesentant duās quālitātēs *represent two qualities*
   inter duās et quattuor *between two and four*
   quālitātēs duās habet *has two qualities*
 **duo** *two*
   duo tempora *two seasons*
**duodecim** *twelve*
   ex sīgnīs duodecim *out of twelve signs*

# E

**ē/ex** *out of, from*
**elementa** *elements*
  **elementī** *of an element*
    nōn omnia sīgna elementī *not all signs of an element*
  **elementō** *element*
    repraesentātur elementō *represented by the element*
    ex elementō *from the element*
  **elementōrum** *of the elements*
    quālitātēs elementōrum *qualities of the elements*
  **elementum** *element*
**erant** *were*
  **erat** *was*
  **erit** *will be*
  **esne?** *Are you?*
  **esse** *to be, being*
    esse fidēle *being loyal*
    esse persuāsibile *being persuasive*
    esse modestum *being modest*
    esse criticum *being critical*
    esse iūstum *being just*
    esse callidum *being clever*
  **est** *is*
  **estne?** *Is it?*
**ergō** *therefore*
**et** *and*
**Eurystheī** *of Eurystheus, a Greek king*
    amīcus rēgis Eurystheī *friend of king Eurystheus*
  **Eurystheō** *Eurystheus*
    fidēlis Eurystheō *loyal to Eurystheus*
    Eurystheō nōn dedit *didn't give to Eurystheus*
  **Eurystheum** *Eurystheus*
    ad rēgem Eurystheum *to the king Eurystheus*
  **Eurystheus** *Eurystheus*
**extrā** *beyond, outside of*
**extraōrdināria** *extraordinary*
  **extraōrdināriī** *of an extraordinary*
    leōnis extraōrdināriī *of an extraordinary lion*
  **extraōrdinārium** *extraordinary*
    interficere leōnem extraōrdinārium *to kill the extraordinary lion*

habuit pellem extraōrdinārium *had an extraordinary pelt*
**extraōrdinārius** *extraordinary*

# F
**fābula** *fable, tale, story*
  **fābulae** *story*
  **fābulam** *tale*
    audīvistīne fābulam? *Have you heard the tale?*
  **fābulās** *stories*
    repraesentant fābulās *they represent stories*
    fābulās dēscrībunt *they describe stories*
**facere** *to make*
    itinera facere *to make journies (i.e. to go on journies)*
  **faciunt** *make, do, cause*
    faciunt ut omnēs cōnsentiant *cause all to agree*
    faciunt ut omnēs flexibilēs sint *cause all to be flexible*
**fēcit** *made*
    iter fēcit *made a journey (i.e. went on a journey)*
**fēminīna** *feminine*
    adulēscēns fēminīna *feminine adolescent, such as a young woman*
  **fēminīnī** *feminine*
    hominēs fēminīnī *feminine people, such as women*
**fer!** *Bring!*
    fer mihi Herculem! *Bring Hercules to me!*
    fer mihi pellem! *Bring the pelt to me!*
    fer mē ad terram! *Bring me to land!*
**fidēle** *loyal, trustworthy*
    esse fidēle *being loyal*
  **fidēlēs** *loyal*
  **fidēlia** *loyal*
  **fidēlis** *loyal*
  **fidēs** *loyalty, trust*
**flexibilēs** *flexible (i.e. open to other ideas)*
    faciunt ut omnēs flexibilēs sint *cause all to be flexible*
**forte** *strong*
  **fortēs** *strong*
  **fortis** *strong*
  **fortissimus** *very strong, strongest*
**frāter** *brother*

**frātrem** *brother*
    frātrem habēbat *had a brother*
**frīgida** *frigid, cold*
  **frīgidus** *cold*
**fuisse** *to have been*
    commūnicat iūstitiam fuisse *communicates justice was*
**fuste** *with a club*
  **fustem** *a club*
    fustem habuit *had a club*

# G, H
**Graeciā** *Greece*
    in Graeciā *in Greece*
  **Graeciam** *Greece*
    ad Graeciam *to Greece*
**Graecī** *Greeks*
  **Graecīs** *Greeks*
    Graecīs placēbat *Greeks liked*
  **Graecus** *Greek*
**habēbant** *had*
    magnam potestātem habēbant *they had great power*
**habēbat** *had*
    capita septem habēbat *had seven heads*
    arcum et sagittās habēbat *had a bow and arrows*
    frātrem habēbat *had a brother*
**habēbis** *you will have*
    habēbis honōrem *you'll have honor*
**habent** *have, keep*
    quālitātēs habent *they have qualities*
    sēcrēta habent *they keep secrets*
**habentne?** *Do they have?*
    habentne quālitātēs similēs? *Do they have similar qualities?*
**habēsne?** *Do you have?*
    habēsne quālitātēs? *Do you have qualities?*
**habet** *has*
    habet sīgna *has signs*
**habitābat** *lived*
    in urbe Nemeā habitābat *lived in the city Nemea*
    cum Plūtōne habitābat *lived with Pluto*
    in īnferīs habitābat *lived in the underworld*
    in terrā habitābat *lived on land*

**habitāmus** *we live*
    in īnferīs habitāmus *we live in the underworld*
**habitāre** *to live*
    habitāre potuit *was able to live*
**habuit** *had*
    fustem habuit *had a club*
    habuit pellem *had a pelt*
    potestātem nōn habuit *didn't have the power*
**Hēra** *Greek name for the goddess Juno*
  **Hērae** *to Juno*
**Hercule** *Hercules, the Greek hero*
    dē Hercule *about Hercules*
  **Herculem** *Hercules*
    voluit Herculem interficere *wanted Hercules to kill*
    īvit ad Herculem *went to Hercules*
    in Herculem pugnābant *they fought Hercules*
    vīdit Herculem *saw Hercules*
    voluit Herculem pūnīrī *wanted Hercules to be punished*
    fer mihi Herculem! *Bring Hercules to me!*
    ut Herculem interficeret *in order to kill Hercules*
  **Herculēs** *Hercules*
  **Herculī** *Hercules*
    nōn fidēlia Herculī *not loyal to Hercules*
    territus ab Herculī *terrified by Hercules*
  **Herculis** *of Hercules*
    pugnābat in caput Herculis *fought Hercules' head*
    dā mihi caput Herculis! *Give me Hercules' head!*
**hērōs** *hero*
**hieme** *in winter*
    nōn hieme *not in winter*
  **hiemem** *winter*
    hiemem repraesentat *represents winter*
  **hiems** *winter*
**hominēs** *humans, people*
  **hominibus** *humans, people*
    dē hominibus mortālibus *about mortal humans*
    hominibus iūstīs *to just people*
  **hominum** *of people*
    quālitātēs hominum *qualities of people*
    nātūra hominum *characteristics of humans*
**honor** *honor*

**honōrem** *honor*
    habēbis honōrem *you'll have honor*
**honōrandum esse** *must be honored*
  **honōrāre** *to honor*
    leōnem honōrāre *to honor the lion*
  **honōrāvit** *honored*
    cancrum honōrāvit *honored the crab*
    leōnem honōrāvit *honored the lion*
**horribile** *horrible*
  **horribilem** *horrible*
    serpentem horribilem vīdit *saw the horrible serpent*
  **horribilis** *horrible*
**horrōrem!** *What horror!*
**Hȳdra** *Hydra, the seven-headed serpent monster*
  **Hȳdrā** *Hydra*
    dē mōnstrō Hȳdrā *about the monster Hydra*
  **Hȳdrae** *of Hydra*
    pugnābat in capita Hȳdrae *fought the heads of Hydra*
  **Hȳdram** *Hydra*
    interficere Hȳdram *to kill Hydra*
    ad Hȳdram īvit *went to Hydra*
    adiūvit Hȳdram *helped Hydra*

# I

**ī!** *Go!*
**iam** *now*
**id est** *this is the source of the English abbreviation **i.e.** meaning "that is," or "in other words."*
**īgne** *fire*
  **īgniāria** *fiery, fire*
  **īgniāriīs** *fiery, fire*
    repraesentātur sīgnīs īgniāriīs *represented by fire signs*
  **īgniārium** *fiery, fire*
  **īgnis** *fire*
**imāgō** *image*
**immēnse** *immense, giant*
    "cancer immēnse..." *"O giant crab..."*
  **immēnsō** *giant*
    dē cancrō immēnsō *about the giant crab*
  **immēnsum** *giant*

voluit cancrum immēnsum adiuvāre *wanted the giant crab to help*
**immēnsus** *giant*
**immortālibus** *immortal*
    dē immortālibus deīs *about immortal gods*
  **immortālis** *immortal*
  **immortālium** *of immortal*
    deōrum immortālium omnium *of all immortal gods*
**impatiente** *impatient*
    esse impatiente *being impatient*
  **impatientēs** *impatient*
  **impatiēns** *impatient*
**impenetrābilem** *impenetrable (i.e. can't get through)*
    pellem impenetrablilem habuit *had the impenetrable pelt*
  **impenetrābilis** *impenetrable*
**in** *in, on, into, onto*
**īnferīs** *the underworld*
    in īnferīs *in the underworld*
    ex īnferīs *out of the underworld*
  **īnferōrum** *of the underworld regions*
    deus īnferōrum *god of the underworld*
  **īnferōs** *underworld*
    extra īnferōs *outside of the underworld*
    in īnferōs *into the underworld*
**īnstrūmentō** *instrument*
    repraesentātur īnstūmentō *represented by an instrument*
  **īnstrūmentum** *instrument*
**intellegentēs** *intelligent*
**inter** *between*
**interfēcit** *killed*
    cancrum interfēcit *killed the crab*
    leōnem interfēcit *killed the lion*
  **interfectō** *killed*
    cancrō interfectō *since the crab was killed*
  **interfice!** *Kill!*
    interfice Hȳdram! *Kill Hydra!*
    interfice leōnem! *Kill the lion!*
  **interficere** *to kill*
    interficere Hȳdram *to kill Hydra*
    interficere leōnem *to kill the lion*
    interficere Herculem *to kill Hercules*

**interficeret** *would kill*
    ut Herculem interficeret *in order to kill Hercules*
    ut interficeret leōnem *in order to kill the lion*
**interficī** *to be killed*
    voluit mōnstrum interficī *wanted a monster to be killed*
**iocōsī** *full of jokes (i.e. funny)*
  **iocōsum** *funny*
    esse iocōsum *being funny*
  **iocōsus** *funny*
**Iovis** *of Jove (i.e. Jupiter, Zeus)*
    frāter Iovis *brother of Jupiter*
  **Iuppiter** *Jupiter*
**īre** *to go*
    īre ex *to go out of*
  **īvit** *went*
    īvit ad *went to*
    sēcrētē īvit *secretly went*
**iter** *journey*
    iter fēcit *made a journey (i.e. went on a journey)*
  **itinera** *journeys*
    itinera facere *to make journies (i.e. to go on journies)*
**Iūliī** *of July*
    vīcēsimum secundum Iūliī *twenty second of July*
    vīcēsimum tertium Iūliī *twenty third of July*
  **Iūliō** *in July*
**Iūniī** *of June*
    vīcēsimum secundum Iūniī *twenty second of June*
  **Iūniō** *in June*
**Iūnō** *Juno, queen of the gods*
  **Iūnōne** *Juno*
    dē Iūnōne *about Juno*
  **Iūnōnem** *Juno*
    Iūnōnem audīvit *heard Juno*
  **Iūnōnī** *to Juno*
    deae Iūnōnī *to the goddess Juno*
**iūstae** *just (i.e. fair)*
  **iūstī** *just*
  **iūstīs** *just*
    hominibus iūstīs *to just people*
  **iūstum** *just*
    esse iūstum *being just*

**iūstitia** *justice*
  **iūstitiam** *justice*
    commūnicat iūstitiam fuisse *communicates justice was*

# L

**laeta** *happy*
  **laetī** *happy*
**leō** *lion, Leo*
  **leōne** *lion, Leo*
    dē Leōne *about Leo*
  **leōnem** *lion, Leo*
    interficere leōnem *to kill the lion*
    in leōnem *into the lion*
    leōnem honōrāre *to honor the lion*
    leōnem audīvit *heard the lion*
    dētermināvit leōnem esse *determined the lion was*
    leōnem honōrāvit *honored the lion*
    vidēre Leōnem *to see Leo*
  **leōnēs** *lions, Leos*
  **leōnibus** *lions, Leos*
    dē Leōnibus *about Leos*
  **leōnis** *of a lion, Leo*
    symbolus Leōnis *the symbol of Leo*
    volēbat pellem leōnis *wanted the lion's pelt*
    pugnābat in caput leōnis *fought the lion's head*
    imāgō leōnis *image of the lion*
**Lernaeā** *Lernaean (i.e. from Lerna)*
    in silvā Lernaeā *in the Lernaean forest*
  **Lernaeam** *Lernaean*
    ad silvam Lernaeam īvit *went to the Lernaean forest*
**lībra** *scales for weighing*
  **lībrā** *scales, Libra*
    dē Lībrā *about Libra*
    repraesentātur lībrā *is represented by scales*
  **Lībrae** *of Libra, Libras*
    symbolus Lībrae *symbol of Libra*
    Lībrae nātae sunt *Libras are born*
  **lībram** *scales*
    vidēre lībram *to see scales*
  **Lībrīs** *Libras*
    dē Lībrīs *about Libras*

# M

**magnam** *great*
    magnam potestātem habēbant *had great power*
**magnī** *of great*
    magnī mōmentī *of great movement (i.e. important)*
**magnum** *great*
    habēbis honōrem magnum *you'll have great honor*
**magnus** *great, big*
    honor magnus *great honor*
**masculīnī** *masculine*
    hominēs masculīnī *masculine people, such as men*
**mē** *me*
    fer mē ad terram! *Bring me to land!*
**mihi** *to me, my*
    fidēlis mihi *loyal to me*
    fer mihi Herculem! *Bring Hercules to me!*
    dā mihi caput Herculis! *Give me Hercules' head!*
**mēnsēs** *months*
    repraesentant mēnsēs *represent the months*
**mēnsibus** *in the months*
**mīsit** *sent, shot*
    sagittās mīsit *shot arrows*
**mittere** *to send, shoot*
    mittere sagittās *to shoot arrows*
**modesta** *modest*
**modestae** *modest*
**modestī** *modest*
**modestum** *modest*
    esse modestum *being modest*
**mōmentī** *of movement*
    magnī mōmentī *of great movement (i.e. important)*
**mōnstra** *monsters*
**mōnstrīs** *monsters*
    dē mōnstrīs *about monsters*
**mōnstrō** *monster*
    dē mōnstrō *about the monster*
    cum mōnstrō *with the monster*
**mōnstrum** *monster*
    voluit mōnstrum interficī *wanted a monster to be killed*
    ad mōnstrum *towards the monster*
    vīdit mōnstrum *saw the monster*

adiuvāre mōnstrum *to help the monster*
**Monte Olympō** *Mt. Olympus, home of the gods*
   in Monte Olympō *on Mt. Olympus*
 **Montem Olympum** *Mt. Olympus*
   ad Montem Olympum *to Mt. Olympus*
**mortālibus** *mortal*
   dē hominibus mortālibus *about mortal humans*
 **mortālis** *mortal*
**multae** *many*
 **multī** *many*
 **multōs** *many*
   post multōs annōs *after many years*
**mȳthe** *myth*
   nōn repraesentātur mȳthe *is not represented by myth*
 **mȳthos** *myth*

# N, O

**nātae sunt** *are born*
 **nātī sunt** *are born*
**nātūra** *nature, characteristics*
 **nātūrae** *characteristics*
 **nātūram** *characteristics*
   nātūram dēscrībunt *they describe characteristics*
   repraesentant nātūram *they represent a characteristic*
**Nemeā** *Nemea, a Greek city*
   in urbe Nemeā *in the city Nemea*
 **Nemeam** *Nemea*
   ad urbem Nemeam īvit *went to the city Nemea*
**nōmine** *by name, named*
**nōn** *not, doesn't*
**Octōbrī** *October*
   nātī sunt Octōbrī *born in October*
 **Octōbris** *of October*
   vīcēsimum tertium Octōbris *twenty third of October*
**omnēs** *everyone, all*
   omnēs adiuvant *they help everyone*
 **omnia** *all*
   omnia vident *they see all things*
 **omnium** *of all*
   deōrum immortālium omnium *of all immortal gods*

**optimē** *great, in the best way*
  **optimus** *best*

# P

**pars** *part*
  **parte** *part*
    in prīmā parte *in the first part*
  **partem** *part*
    partem annī *for part of the year*
**particulārem** *particular*
    repraesentant nātūram particulārem *they represent a particular characteristic*
  **particulārēs** *particular*
  **particulāris** *particular*
**passiōnālēs** *passionate (i.e. showing strong feelings/beliefs)*
**pellem** *a pelt (i.e. skin of certain animals)*
    volēbat pellem leōnis *wanted the lion's pelt*
    habuit pellem *had a pelt*
    pellem sūmere *to get the pelt*
    fer mihi pellem! *Bring me the pelt!*
    dā mihi pellem! *Give me the pelt!*
    pellem cēpit *took the pelt*
    pellem posuit *placed the pelt*
  **pellī** *pelt*
    pellī captā *after the pelt was taken*
  **pellis** *a pelt*
**Persephonē** *Persephone, divine young woman*
  **Persephoneā** *Persephone*
    Persephoneā abductā *with Persephone being abducted*
  **Persephonen** *Persephone*
    Persephonen adōrābat *adored Persephone*
    Persephonen voluit *wanted Persephone*
    ad Persephonen īvit *went to Persephone*
    Persephonen cēpit *captured Persephone*
    Persephonen abdūxit *abducted Persephone*
    repraesentat Persephonen *represents Persephone*
  **Persephonēs** *of Persephone*
    imāgō Persephonēs *the image of Persephone*
**persuāsibile** *persuasive (i.e. can get people to do things)*
    esse persuāsibile *being persuasive*

**persuāsibilēs** *persuasive*
**persuāsibilis** *persuasive*
**placēbat** *liked*
    deae nōn placēbat *the goddess didn't like*
    Plūtōnī placuit *Pluto liked*
  **placentne?** *Are they pleasing?*
    placentne tibi? *Do you like?*
**Plūtō** *Pluto (i.e. Hades), god of underworld*
  **Plūtōne** *Pluto*
    cum Plūtōne *with Pluto*
  **Plūtōnem** *Pluto*
    Plūtōnem nōn voluit *didn't want Pluto*
  **Plūtōnī** *Pluto*
    Plūtōnī placēbat *Pluto liked*
**possunt** *are able*
    possunt esse *they're able to be*
**potesne?** *Can you?*
    potesne vidēre? *Can you see?*
**potest** *is able*
    potest esse *is able to be*
    potest commūnicāre *is able to communicate*
    vidērī potest *is able to be seen*
**potuērunt** *were able*
    nōn potuērunt interficere *they weren't able to kill*
**potuit** *was able*
    habitāre potuit *was able to live*
**post** *after*
**posuit** *placed*
    posuit in caelō *placed in the sky*
    pellem posuit *placed the pelt*
**potestātem** *power*
    potestātem habēre *to have power*
**prīma** *first*
  **prīmā** *first*
    in prīmā parte *in the first part*
**pugnābant** *fought*
    in Herculem pugnābant *they fought Hercules*
  **pugnābat** *fought*
    pugnābat in *fought against*
  **pugnantēs** *fighting*
**pulchrī** *beautiful, handsome*

**pūniendum** *to be punished*
    dēterminat pūniendum *determines who is to be punished*
**pūnīrī** *to be punished*
    voluit Herculem pūnīrī *wanted Hercules to be punished*
**pūnītus est** *punished*
    deus nōn pūnītus est *the god wasn't punished*

## Q, R
**quālitās** *a quality*
  **quālitātēs** *qualities*
    quālitātēs hominum *qualities of people*
    quālitātēs habent *they have qualities*
**quārtum** *fourth*
  **quattuor** *four*
    quālitātēs quattuor *four qualities*
**quī** *who*
    hominēs quī sunt Cancrī *people who are Cancers*
    sagittārius, quī studēbat *the archer, who studied*
**quia** *because*
**Quid?** *What?*
**quīntum** *fifth*
**quoque** *also*
**rapidē** *rapidly, quickly*
  **rapidī** *rapid, fast*
  **rapidissimī** *really fast*
**rēgem** *king*
    ad rēgem *to the king*
  **rēgis** *of the king*
    amīcus rēgis Eurystheī *friend of king Eurystheus*
**rēgīna** *queen*
    rēgīna deōrum *queen of the gods*
**remanēbat** *remained*
  **remanent** *remain*
    cum amīcīs remanent *they remain with friends*
**repraesentant** *represent*
    repraesentant fābulās *they represent stories*
    repraesentant mēnsēs *they represent the months*
    repraesentant annum tōtum *represent the whole year*
    repraesentant nātūram *they represent characteristics*
    repraesentant quālitātēs *they represent qualities*

**repraesentantur** *are represented*
**repraesentat** *represents*
    aestātem repraesentat *represents summer*
    repraesentat vēr *represents spring*
    hiemem repraesentat *represents winter*
    autumnum repraesentat *represents autumn*
**repraesentātur** *is represented*
    repraesentātur terrā *is represented by earth*
    repraesentātur sīgnīs īgniāriīs *represented by fire signs*
    nōn repraesentātur mȳthe *is not represented by myth*
    repraesentātur lībrā *is represented by scales*
**rēx** *king*
**Rōmānī** *Romans*
  **Rōmānīs** *Romans*
    Rōmānīs placēbat *Romans liked*

# S

**sagittārius** *archer*
**sagittās** *arrows*
    sagittās mīsit *shot arrows*
    arcum et sagittās habēbat *had a bow and arrows*
  **sagittīs** *arrows*
    studēbat arcuī et sagittīs *studied bow and arrows*
**sēcrēta** *secrets*
    sēcrēta amīcōrum habent *they keep their friends' secrets*
  **sēcrētē** *secretly*
**secundum** *second*
    vīcēsimum secundum *twenty second*
**sed** *but*
**semper** *always*
**septem** *seven*
    capita septem *seven heads*
  **septimum** *seventh*
**Septembrī** *September*
    nātī sunt Septembrī *born in September*
  **Septimbris** *of September*
    vīcēsimum secundum Septembris *twenty second of September*
    vīcēsimum tertium Septembris *twenty third of September*

**serpēns** *serpent*
  **serpentem** *serpent*
    serpentem vīdit *saw the serpent*
**sextum** *sixth*
**sicca** *dry*
  **siccās** *dry*
    quālitātēs siccās habent *they have dry qualities*
**siccissimus** *very dry, especially dry*
  **siccus** *dry*
**Siciliā** *Sicily, the island south of Italy*
    in Siciliā *in Sicily*
**sīgna** *signs*
    dīviduntur in sīgna *they're divided into signs*
  **sīgnīs** *signs*
    similēs sīgnīs zōdiacīs *similar to zodiac signs*
    ex sīgnīs duodecim *out of twelve signs*
    repraesentātur sīgnīs *is represented by signs*
  **sīgnō** *sign*
    dē sīgnō zōdiacō Cancrō *about the zodiac sign Cancer*
  **sīgnōrum** *of signs*
    elementa sīgnōrum *elements of the signs*
  **sīgnum** *sign*
**silvā** *forest*
    in silvā *in the forest*
  **silvam** *forest*
    ad silvam īvit *went to the forest*
**similēs** *same*
    habentne quālitātēs similēs? *Do they have similar qualities?*
  **similī** *same*
    tempore similī *in the same season*
**sint** *may be*
    faciunt ut omnēs flexibilēs sint *cause all to be flexible*
**studēbat** *studied*
    sagittārius, quī studēbat *the archer, who studied*
  **student** *study*
    astrologiam student *they study astrology*
**subitō!** *Suddenly!*
**sum** *I am*
  **sunt** *are*
  **suntne?** *Are they?*

**sūme!** *Get!*
    pellem sūme! *Get the pelt!*
  **sumpsit** *picked up*
    arcum sumpsit *picked up the bow*
**symbolī** *symbols*
  **symbolus** *symbol*

# T

**tam** *so, such*
    nōn tam fortis *not so strong*
    nōn tam bona *not so good*
**tē** *you*
**tempora** *seasons*
  **tempore** *in the season*
    tempore similī *in the same season*
  **temporibus** *for the seasons*
    quālitātēs temporibus *qualities for the seasons*
  **temporum** *of the seasons*
    quālitātēs temporum *qualities of the seasons*
    symbolus temporum *symbol of the seasons*
  **tempus** *season, time*
**terra** *earth, land*
  **terrā** *earth*
    repraesentātur terrā *is represented by earth*
    ex elementō terrā *from the element earth*
    in terrā *on land*
  **terram** *land (i.e. above the underworld)*
    ad terram *to land*
**terrestre** *earthen, earth*
  **terrestria** *earth*
  **terrestribus** *earth*
    repraesentātur sīgnīs terrestribus *is represented by earth signs*
**territa** *terrified*
  **territam** *terrified*
    adulēscentem territam tulit *carried the terrified teen*
  **territus** *terrified*
**tertium** *third*
**tibi** *to you, your*
    placentne tibi? *Do you like?*

      sīgnum zōdiacum tibi *your zodiac sign*
**tōta** *whole*
  **tōtō** *whole*
      tōtō autumnō *throughout all autumn*
  **tōtum** *whole*
      repraesentant annum tōtum *represent the whole year*
      tōtum annum *for the whole year*
**trānsformāta est** *was transformed*
      trānsformāta est in *was transformed into*
  **trānsformātus est** *was transformed*
      trānsformātus est in *was transformed into*
**trēs** *three*
  **tria** *three*
**tristis** *sad*
**tua** *your*
  **tuās** *your*
      commūnicāre tuās quālitātēs *to communicate your qualities*
**tulit** *carried*
      adulēscentem tulit *carried the adolescent*
**tūta** *safe*
  **tūtus** *safe*

# U,V

**ultimō** *ultimately (i.e. in the end)*
**(h)ūmida** *humid, wet*
  **ūmidum** *wet*
  **ūmidus** *wet*
**urbe** *city*
    in urbe *in the city*
  **urbem** *city*
      ad urbem īvit *went to the city*
**ut** *so that*
      faciunt ut omnēs cōnsentiant *cause all to agree*
      ut Herculem interficeret *in order to kill Hercules*
      ut interficeret leōnem *in order to kill the lion*
**valdē** *very, really*
**variae** *various*
  **variās** *various*
      habent quālitātēs variās *they have various qualities*

    fābulās variās repraesentant *represent various stories*
**vēr** *spring*
    repraesentat vēr *represents spring*
  **vēre** *in the spring*
**vērum** *true*
**vīcēsimum** *twentieth*
    vīcēsimum secundum *twenty second*
    vīcēsimum tertium *twenty third*
    vīcēsimum quārtum *twenty fourth*
**vident** *see*
    omnia vident *they see all things*
  **vidēre** *to see*
    potesne vidēre? *Can you see?*
  **vidērī** *to be seen*
    vidērī potest *is able to be seen*
  **vīdit** *saw*
    serpentem vīdit *saw the serpent*
    vīdit mōnstrum *saw the monster*
**violenter** *violently*
  **violentī** *violent*
  **violentus** *violent*
**Virgine** *Virgo*
    dē Virgine *about Virgo*
  **Virginem** *Virgo*
    in Virginem *into Virgo*
  **Virginēs** *Virgos*
  **Virginibus** *Virgos*
    dē Virginibus *about Virgos*
  **Virginis** *of Virgo*
    symbolus Virginis *symbol of Virgo*
  **Virgō** *Virgo*
**volēbant** *wanted*
    volēbant esse *they wanted to be*
  **volēbat** *wanted*
    volēbat pellem leōnis *wanted the lion's pelt*
  **volō** *I want*
    volō tē interficere *I want you to kill*
    volō tē adiuvāre *I want you to help*
    volō pellem *I want the pelt*
    volō īre *I want to go*
  **voluit** *wanted*

voluit mōnstrum interficī *wanted a monster to be killed*
voluit cancrum adiuvāre *wanted the crab to help*
voluit Herculem pūnīrī *wanted Hercules to be punished*
voluit mittere sagittās *wanted to shoot arrows*
voluit honōrāre *wanted to honor*
Persephonen voluit *wanted Persephone*
Plūtōnem nōn voluit *didn't want Pluto*
voluit esse *wanted to be*

# Z
**Zeus** *Jupiter, king of the gods*
**zōdiaca** *zodiac*
  **zōdiacīs** *zodiac*
    similēs sīgnīs zōdiacīs *similar to zodiac signs*
  **zōdiacō** *zodiac*
    dē sīgnō zōdiacō Cancrō *about the zodiac sign Cancer*
  **zōdiacōrum** *of the zodiac*
    sīgnōrum zōdiacōrum *of the zodiac signs*
  **zōdiacum** *zodiac*

# *Pisoverse Novellas & Resources*

**Magister P's Pop-Up Grammar**
*Pop-Up Grammar occurs when a student—not teacher—asks about a particular language feature, and the teacher offers a very brief explanation in order to continue communicating (i.e. interpreting, negotiating, and expressing meaning during reading or interacting).*

*Teachers can use this resource to provide such explanations, or students can keep this resource handy for reference when the teacher is unavailable. Characters and details from the Pisoverse novellas are used as examples of the most common of common Latin grammar.*

## *Level AA*
## *Early Beginner*

**Mārcus magulus**
**(11 cognates + 8 other words)**
*Marcus likes being a young Roman mage, but such a conspicuous combo presents problems in Egypt after he and his parents relocate from Rome. Despite generously offering his magical talents, this young mage feels like an obvious outsider, sometimes wishing he were invisible. Have you ever felt that way? Marcus searches Egypt for a place to be openly accepted, and even has a run-in with the famously fiendish Sphinx! Can Marcus escape unscathed?*

**Olianna et obiectum magicum**
**(12 cognates + 12 other words)**
*Olianna is different from the rest of her family, and finds herself excluded as a result. Have you ever felt that way? One day, a magical object appears that just might change everything for good. However, will it really be for the better? Can you spot any morals in this tale told from different perspectives?*

### Rūfus lutulentus
### (20 words)

Was there a time when you or your younger siblings went through some kind of gross phase? Rufus is a Roman boy who likes to be muddy. He wants to be covered in mud everywhere in Rome, but quickly learns from Romans who bathe daily that it's not OK to do so in public. Can Rufus find a way to be muddy?

### Rūfus et Lūcia: līberī lutulentī
### (25-70 words)

Lucia, of Arianne Belzer's Lūcia: puella mala, joins Rufus in this collection of 18 additional stories. This muddy duo has fun in the second of each chapter expansion. Use to provide more exposure to words from the novella, or as a Free Voluntary Reading (FVR) option for all students, independent from Rūfus lutulentus.

### Syra sōla
### (29 words)

Syra likes being alone, but there are too many people everywhere in Rome! Taking her friend's advice, Syra travels to the famous coastal towns of Pompeii and Herculaneum in search of solitude. Can she find it?

### Syra et animālia
### (35-85 words)

In this collection of 20 additional stories, Syra encounters animals around Rome. Use to provide more exposure to words from the novella, or as a Free Voluntary Reading (FVR) option for all students, independent from Syra sōla.

### Quīntus et īnsula horrifica
### (15 cognates, 20 other words)

Before Quintus and his parents had money and moved into their house, the family lived in a small Roman apartment. Times were simpler back then, but no less spooky! In this tale, Quintus is 100% scared of the dark, but wants to appear brave in front of his parents. To make things worse, Quintus receives paranormal visitors night after night...or does he?

### Poenica purpurāria
### (16 cognates, 19 other words)

Poenica is an immigrant from Tyre, the Phoenician city known for its purple. She's an extraordinary purple-dyer who wants to become a tightrope walker! In this tale, her shop is visited by different Romans looking to get togas purpled, as well as an honored Vestal in need of a new trim on her sacred veil. Some requests are realistic—others ridiculous. Is life all work and no play? Can Poenica find the time to tightrope walk?

### Olianna et sandalia extraōrdināria
### (20 cognates, 20 other words)

Olianna learns more about herself and her family in this psychological thriller continuation of "Olianna et obiectum magicum." We begin at a critical moment in the original, yet in this new tale, not only does the magical object appear to Olianna, but so do a pair of extraordinary sandals! Olianna has some choices to make. How will her decisions affect the timeline? Will things ever get back to normal? If so, is that for the better, or worse?

### Pīsō senex et sempermūtābilisyllabī
### (18 cognates, 26 other words)

Piso has grown old. For years, people have been telling Piso how to write his own poetry. They've wanted it to sound like the legendary poet, Vergilimartivenallus, widely considered the GOAT, but Piso doesn't take suggestions from people who don't write any poetry of their own. Besides, that would change Piso's verses into something they aren't—someone else's. He's got plenty of advocates, anyway. But the mob persists today, and keeps trying to get Piso to change how he writes. Mysteriously, the more Piso tries to write in his own voice, the more things start to get a bit...Strange.

### Quīntus et āleae īnfortūnātae
**(18 cognates, 34 other words)**
Quintus is a gamester who really likes playing dice. The problem? He's terribly unlucky and never wins! In this tale, Quintus gets himself into a dicey situation, betting all sorts of valuables he can't afford to lose. Will he come out on top, or lose it all in the end?

### Pīsō perturbātus
**(36 words)**
Piso minds his Ps and Qs..(and Cs...and Ns and Os) in this alliterative tongue-twisting tale touching upon the Roman concepts of ōtium and negōtium. Before Piso becomes a little poet, early signs of an old curmudgeon can be seen.

### Drūsilla in Subūrā
**(38 words)**
Drusilla is a Roman girl who loves to eat, but doesn't know how precious her favorite foods are. In this tale featuring all kinds of Romans living within, and beyond their means, will Drusilla discover how fortunate she is?

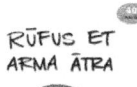

### Rūfus et arma ātra
**(40 words)**
Rufus is a Roman boy who excitedly awaits an upcoming fight featuring the best gladiator, Crixaflamma. After a victorious gladiatorial combat in the Flavian Amphitheater (i.e. Colosseum), Crixaflamma's weapons suddenly go missing! Can Rufus help find the missing weapons?

### Rūfus et gladiātōrēs
### (49-104 words)

This collection of 28 stories adds details to characters and events from *Rūfus et arma ātra*, as well as additional, new cultural information about Rome, and gladiators. Use to provide more exposure to words from the novella, or as a Free Voluntary Reading (FVR) option for all students, independent from *Rūfus et arma ātra*.

## *Level A*
## *Beginner*

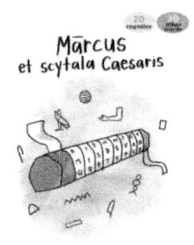

### Mārcus et scytala Caesaris
### (20 cognates + 30 other words)

Marcus has lost something valuable containing a secret message that once belonged to Julius Caesar. Even worse, it was passed down to Marcus' father for safekeeping, and he doesn't know it's missing! As Marcus and his friend Soeris search Alexandria for clues of its whereabouts, hieroglyphs keep appearing magically. Yet, are they to help, or hinder? Can Marcus decipher the hieroglyphs with Soeris' help, and find Caesar's secret message?

### Quīntus et nox horrifica
### (26 cognates, 26 other words)

Monsters and ghosts...could they be real?! Is YOUR house haunted? Have YOU ever seen a ghost? Quintus is home alone when things start to go bump in the night in this scary novella. It works well with any Roman House unit, and would be a quick read for anyone interested in Pliny's ghost story.

### Agrippīna aurīga
### (24 cognates + 33 other words)
*Young Agrippina wants to race chariots, but a small girl from Lusitania couldn't possibly do that...could she?! After a victorious race in the stadium of Emerita, the local crowd favorite charioteer, Gaius Appuleius Dicloes, runs into trouble, and it's up to Agrippina to step into much bigger shoes. Can she take on the reins in this equine escapade?*

### diāria sīderum
### (30-60 cognates + 50-100 other words)
*Not much was known about The Architects—guardians of the stars—until their diaries were found in dark caves sometime in the Tenth Age. Explore their mysterious observations from the Seventh Age (after the Necessary Conflict), a time just before all evidence of their existence vanished for millenia! What happened to The Architects? Can you reconstruct the events that led to the disappearance of this ancient culture?*

### trēs amīcī et mōnstrum saevum
### (28 cognates + 59 other words)
*What became of the quest that Quintus' mother entrusted to Sextus and Syra in Drūsilla et convīvium magārum? Quintus finds himself alone in a dark wood (or so he thinks). Divine intervention is needed to keep Quintus safe, but can the gods overcome an ancient evil spurred on by Juno's wrath? How can Quintus' friends help?*

### sitne amor?
### (36 cognates, 53 other words)
*Piso and Syra are friends, but is it more than that? Sextus and his non-binary friend, Valens, help Piso understand his new feelings, how to express them, and how NOT to express them! This is a story of desire, and discovery. Could it be love?*

### ecce, poēmata discipulīs
### (77 cognates + 121 other words)

"Wait, we have to read...Eutropius...who's that?! Homework on a Friday?! Class for an hour straight without a break?! Oh no, more tests in Math?! What, no glossary?! Why can't we just read?! Honestly, I was in bed (but the teacher doesn't know!)..." This collection of 33 poems is a humorous yet honest reflection of school, Latin class, homework, tests, Romans, teaching, and remote learning.

### Magister P's Poetry Practice

Ain't got rhythm? This book can help. You'll be presented with a rhythm and two words, phrases, or patterns, one of which matches. There are three levels, Noob, Confident, and Boss, with a total of 328 practice. This book draws its words, phrases, and patterns entirely from "ecce, poemata discipulis!," the book of poetry with over 270 lines of dactylic hexameter. Perhaps a first of its kind, too, this book can be used by students and their teacher at the same time. Therefore, consider this book a resource for going on a rhythmic journey together.

### Agrippīna: māter fortis
### (65 words)

Agrippīna is the mother of Rūfus and Pīsō. She wears dresses and prepares dinner like other Roman mothers, but she has a secret—she is strong, likes wearing armor, and can fight just like her husband! Can she keep this secret from her family and friends?

### Līvia: māter ēloquens
### (44-86 words)

Livia is the mother of Drusilla and Sextus. She wears dresses and prepares dinner like other Roman mothers, but she has a secret—she is well-spoken, likes wearing togas, and practices public speaking just like her brother, Gaius! Can she keep this secret from her family and friends? Livia: mater eloquens includes 3 versions under one cover. The first level, (Alpha), is simpler than Agrippina: mater fortis; the second level, (Beta) is the same level, and the third, (Gamma-Delta) is more complex.

### Pīsō et Syra et pōtiōnēs mysticae
**(163 cognates, 7 other words)**
*Piso can't seem to write any poetry. He's distracted, and can't sleep. What's going on?! Is he sick?! Is it anxiety?! On Syra's advice, Piso seeks mystical remedies that have very—different—effects. Can he persevere?*

### Drūsilla et convīvium magārum
**(58 words)**
*Drusilla lives next to Piso. Like many Romans, she likes to eat, especially peacocks! As the Roman army returns, she awaits a big dinner party celebrating the return of her father, Julius. One day, however, she sees a suspicious figure give something to her brother. Who was it? Is her brother in danger? Is she in danger?*

## *Level B*
## *Advanced Beginner*

### mȳthos malus: convīvium Terregis
**(41 cognates + 56 other words)**
*An obvious nod to Petronius' Cena Trimalchionis, yes, but this is not an adaptation, by any means. In this tale, Terrex can't get anything right during his latest dinner party. He's confused about Catullus' carmina, and says silly things left and right as his guests do all they can to be polite, though patience is running low. With guests even fact-checking amongst themselves, can Terrex say something remotely close to being true? Will the guests mind their manners and escape without offending their host?*

**sīgna zōdiaca Vol. 1
(63 cognates, 84 other words)
sīgna zōdiaca Vol. 2
(63 cognates, 92 other words)
sīgna zōdiaca Vol. 3
(62 cognates, 93 other words)**
*Do you like stories about gods and monsters? Did you know that the zodiac signs are based on Greek and Roman mythology? Your zodiac sign can tell you a lot about yourself, but not everyone feels that strong connection. Are your qualities different from your sign? Are they the same? Read signa zodiaca to find out! These readers are part non-fiction, and part Classical adaptation, providing information about the zodiac signs as well as two tiered versions of associated myths.*

# *Level C*
# *Low Intermediate*

**fragmenta Pīsōnis
(96 words)**
*This collection of poetry is inspired by scenes and characters from the Pisoverse, and features 50 new lines of poetry in dactylic hexameter, hendecasyllables, and scazon (i.e. limping iambics)! fragmenta Pīsōnis can be used as a transition to the Piso Ille Poetulus novella, or as additional reading for students comfortable with poetry having read the novella already.*

**Pīsō Ille Poētulus
(108 words)**
*Piso is a Roman boy who wants to be a great poet like Virgil. His family, however, wants him to be a soldier like his father. Can Piso convince his family that poetry is a worthwhile profession? Features 22 original, new lines of dactylic hexameter.*

### Pīsō: Tiered Versions
### (68-138 words)

This novella combines features of Livia: mater eloquens with the tiered versions of the Piso Ille Poetulus story taken from its Teacher's Guide and Student Workbook. There are 4 different levels under one cover, which readers choose, switching between them at any time. Piso: Tiered Versions could be used as scaffolding for reading the original novella, Piso Ille Poetulus. Alternatively, it could be read independently as a Free Voluntary Reading (FVR) option, leaving it up to the learner which level to read.

### Tiberius et Gallisēna ultima
### (155 words)

Tiberius is on the run. Fleeing from an attacking Germanic tribe, the soldier finds himself separated from the Roman army. Trying to escape Gaul, he gets help from an unexpected source—a magical druid priestess (a "Gaul" in his language, "Celt" in hers). With her help, can Tiberius survive the punishing landscape of Gaul with the Germanic tribe in pursuit, and make his way home to see Rufus, Piso, and Agrippina once again?

# ...and more!

See magisterp.com for the latest:

teacher's materials
other books
audio

Printed in Great Britain
by Amazon